U0645522

心声

『时代楷模』

杨士莪院士成长启示

唐晓伟 著

哈尔滨工程大学出版社

Harbin Engineering University Press

图书在版编目（CIP）数据

心声："时代楷模"杨士莪院士成长启示 / 唐晓伟
著 . -- 哈尔滨：哈尔滨工程大学出版社，2024. 9.
ISBN 978-7-5661-4361-7

Ⅰ . K826.16

中国国家版本馆 CIP 数据核字第 2024SR0739 号

心声："时代楷模"杨士莪院士成长启示
XINSHENG："SHIDAI KAIMO"YANGSHIE YUANSHI CHENGZHANG QISHI

选题策划	王春晖
责任编辑	王　丹　朱　月
封面设计	李海波

出版发行	哈尔滨工程大学出版社
社　　址	哈尔滨市南岗区南通大街 145 号
邮政编码	150001
发行电话	0451-82519328
传　　真	0451-82519699
经　　销	新华书店
印　　刷	哈尔滨午阳印刷有限公司
开　　本	787 mm×1 092 mm　1/16
印　　张	18.75
字　　数	235 千字
版　　次	2024 年 9 月第 1 版
印　　次	2024 年 9 月第 1 次印刷
书　　号	ISBN 978-7-5661-4361-7
定　　价	93.00 元

http://www.hrbeupress.com
E-mail:heupress@hrbeu.edu.cn

只有善于团结周围同志，不忘讳暴露个人的无知，不掩饰工作中难以避免的差错的人，才能在工程技术工作中做出实际的贡献。

杨士莪

科学征程的灯塔　成长成才的航标
（序言）

从满怀报国理想的青年，成长为中国水声战略科学家，杨士莪院士一生崇文重教，矢志报国，踔厉奋发，终成学界泰斗。他在战乱中求学，在战斗中成长，恰逢中国巨变且亲身参与其中，把追求国家富强作为理想，把发展科学事业当成目标，把民族的整体崛起看作个人幸福的基础。他的人生经历，展现了百余年来国家命运的风云激荡、中国水声事业的曲折发展，以及以他为代表的哈尔滨工程大学师生"谋海济国"的使命担当和执着坚守。

杨士莪院士是哈尔滨工程大学的楷模。他在军工大院耕耘72载，历经哈军工、哈船院、哈工程三个时期，是始终高举"哈军工"精神旗帜，肩负为船为海为国防使命的一代代师生的典型代表。从哈军工建校伊始，强国强军梦想就引领这所大学投身到中国奋力赶超世界的时代。今天的哈尔滨工程大学之所以形成并彰显船舶工业、海军装备、海洋开发、核能应用"三海一核"的办学特色，之所以拥有并传承"以祖国需要为第一需要，以国防需求为第一使命，以人民满意为第一标准"的大学精神，之所以成为国家海

洋强国建设不可或缺的重要力量，正缘于以杨士莪院士为代表的一代代师生对强国强军使命的坚守与践行，其展现出的报国理想和科学精神，是哈尔滨工程大学在建设"海洋强国"航程上敢为必成的底气和力量所在。

杨士莪院士是中国水声科研事业的楷模。中国水声界奉他为"引路人"，人们赞誉他"开辟鸿蒙，功不可没"。作为中国水声事业发展的推动者和亲历者，他身处中国海洋事业、海军建设急需发展的时代，只争朝夕、不辱使命，成长为引领水声科学发展的战略科学家。他对水声科研发展和学科走向的敏锐性、洞察力和驾驭力令人叹服：中国第一个理工结合、配套完整的水声工程专业，中国最早的水声定位系统研究，中国最早的水动力噪声研究，中国第一个"重力式低噪声水洞"，中国第一次南海水声综合考察……他心怀国之大者，在为实现民族复兴、海洋强国建设贡献力量的长长名单里，他以其坚韧不拔和独特贡献写下了自己的名字。

杨士莪院士是为师为学者的楷模。"做人做事做学问"是杨士莪终生的自我要求，也是他引导学生追求的人生境界。年过九旬时，他依然奋战在教学一线，除了指导硕士、博士研究生外，还给本科生上课，在课堂上坚持"一站到底"，这是对讲台的敬畏；年过九旬时，他仍然身体力行，亲赴海上试验，即便在恶劣的海况中冒着跌落入海的风险也没有影响他亲临一线，这是对科学的敬畏。在他身上，有着一股绵延不绝的干劲和与时俱进的年轻心态。言传身教润物无声，影响却极其深刻。他给予学生的不仅是学术的引领，也是精神的滋养；他不仅是学业导师，也是人生导师。他与学生之间始终流淌着最朴素与浓郁的情谊，是学生心中为学、为事、为人的大先生。2022年9月，国家用"全国教书育人楷模"的称号为其教育生涯加冕。

2023年9月7日，习近平总书记在哈尔滨工程大学考察时强调，学校要发扬哈军工优良传统，紧贴强国强军需要，抓好教育、科技、人才工作，为建设教育强国、科技强国、人才强国再立新功。这是对学校办学成果的最大肯定与最强激励。杨士莪院士70余载的奋斗历程，模范践行了习近平新时代中国特色社会主义思想，生动诠释了科学家精神的内涵。他向海图强、满足国家战略需求的政治品格，矢志创新、引领学科行业发展的科学精神，立德树人、培养可靠顶用人才的崇高品质，为我们诠释了人生价值的更高追求，树立了人生标杆和学习榜样。

2024年3月19日，一生倾心海洋事业的老人家永远地离开了我们，倾听了一辈子大海声音的老人家魂归大海，这是哈尔滨工程大学和中国水声事业的重大损失。建党百年时，老人家引吭高歌"唱支山歌给党听"，歌声犹在耳边；九秩寿辰时，老人家吟诵"莫道桑榆晚，为霞尚满天"，笑貌仍在眼前。他来之前，中国水声航路未开；他走之后，身后已是千帆竞发。一来一去之间，人生价值尽显。2024年，中央宣传部追授杨士莪院士为"时代楷模"，这是对其一生矢志报国的最高赞赏和最大肯定。

三尺讲台，三寸舌，三寸笔，三千桃李；百年树人，几多风，几多雨，几多栋梁。在荏苒的时光中，从一名青年学生到一块中国科学和教育事业的坚强基石，面对人生岔路，如何抉择？面对科研难题，如何解决？面对生活困惑，如何消解？《心声——"时代楷模"杨士莪院士成长启示》，为我们走进杨士莪院士的科技人生提供了较好的读本。作者提炼出的杨士莪院士人生经历的十条成长启示，向我们展示了一位智者九十三年的人生智慧。这些极具代表性

和典型性的人才成长规律，具有重要启示意义和传承价值，就像在科学征程上的灯塔和航标，可成为从事科学和教育事业的人们，尤其是青年教师和学生的成长读本。

习近平总书记在哈尔滨工程大学视察时殷殷嘱托，青年学子要树牢科技报国志，刻苦学习钻研，勇攀科学高峰，在推进强国建设、民族复兴伟业中绽放青春光彩。传承好哈军工优良传统，继承老先生们的精神和衣钵，以敢为必成、开放合作的创新理念，积极融入国家科技创新战略体系中，紧盯世界科技前沿，紧扣国家战略需求，走好服务中国式现代化建设之路，我们要回答好服务国家战略、国防建设这道新时代的必答题。

人生如寄，但斯人不朽。一代人未完成的使命，将由另一代人继续，新的道路就将在一次次的探索之中开辟出来。站在巨人的肩膀上，向着灯塔和航标，汲取力量，追寻高远，向光而行，紧贴强国强军需要，为建设教育强国、科技强国、人才强国再立新功，为中华民族伟大复兴而接续奋斗，是我们这代人的使命和征程。

是为序。

高　岩　宋迎东

2024年9月

引　言

从2014年3月我初见杨士莪院士至今，已十余年。作为一名倾听者、记录者和感受者，在这十余年间我对他的认识经历了三个阶段。

2014年3月，我因《中国教育报》"大家"专栏的工作任务，初次到杨士莪院士家中拜访。哈尔滨的三月，冬寒渐退，晴朗清爽。他暂放下手头工作，缓缓从老旧的写字台前站起与我寒暄。我一边暗自感叹耄耋老人还在伏案，一边打量着书房——那真是名副其实的书房，除了阳台的窗子，其余三面墙从地面到顶棚，满满当当摆放着书。一位德高望重、博学多闻、爽朗幽默的科学家，这是杨士莪院士给我留下的初印象。后来，我写了一些他的人物访谈和通讯类文章，算是画了一些他的"人生肖像简笔画"。

在这次交谈中，我问及他成才的"秘诀"，他爽朗地大笑，继而用他特有的缓慢而中气十足的语气说道："我就是个普通人，不过是遇到了一些机遇，就像一颗种子，落到了比较肥沃的土壤里，生长在比较好的家庭环境，又遇到一些好老师、好同学、好领导，赶上天时又正，就长成了一棵树。"这番话却成了一个一直在我脑中盘桓的问题：一颗普通的种子，需要具备什么条件，才能成长为

国家栋梁？随后十余年的相处和深入认识，让我从一名倾听者、观察者与记录者，逐渐转变为这个答案的受教者、传播者和践行者。

2015年又一个清朗的三月，鉴于杨士莪院士为中国水声事业发展所作的开创性贡献，中国工程院和哈尔滨工程大学将为其撰写传记的工作提上日程，授命由我完成。于我而言，这个经历的意义并不是一项工作或任务，而是一种责任和使命。能为这样一位德高望重的科学家描摹一幅人生肖像，对我而言是幸运的"偏得"。用我当时35岁的人生阅历和眼界层次，去描摹85年丰富的人生风景，很多时候力所不逮，但在这趟由杨士莪院士为我亲任讲解员的人生旅程中，通过对他经历和感悟的倾听，无形中为我的生命增加了厚度、拓展了广度，也加深了我对此前问题的思考。由此出版的杨士莪院士传记较为细致全面地展现了他的成长过程，可算是一幅他的"人生肖像工笔画"。

2021年3月，中国科学技术协会实施"杨士莪老科学家学术成长资料采集工程"项目，全面梳理总结杨士莪院士的学术成长过程，我有幸作为这一项目的报告撰写人全程参与。杨士莪作为国家科技事业发展的重要基石之一，其极具代表性的科研成长经历是共和国科技发展历史的活档案，其学术成长资料保存了中国科技发展，尤其是水声科技发展的重要历史文献，因而项目对其学术成长的过程、史料、文件等内容进行了细致的搜集与挖掘。这项工作相当于我又走了一遍杨士莪院士的成长之路，除了获得更丰富、准确的历史资料外，我对此前问题有了更多理性思考和总结。

在本书中，我们试图从杨士莪院士"心声"的倾听者、记录者和受教者的角度，围绕"一颗普通的种子，怎样才能成长为国家栋梁"的问题，通过"作者手记"的形式，总结出杨士莪院士成长成才的十条启示。我将这本《心声——"时代楷模"杨士莪院士成长启示》看作是继人生肖像简笔画、工笔画之后，对他人生经历认识的第三个阶段——一幅"人生肖像写意画"，我们希望通过本书将一位鲐背之年智者的人生智慧分享给更多朋友。

一年之计在于春，阳春三月，是给人无限希望、拥有无限可能的时节，也是孕育美景的时节。希望更多朋友通过这幅"写意画"，看到一种人生风景与境界：一个终生求真、求善、求美，努力扎根、向上生长、昂扬舒展的"人"。

作者于哈尔滨工程大学校园

2024年3月

目　　录

启示一

好家风给一颗种子向上生长的力量

　　杨士莪最大的幸运在于，他出生在一个崇文重教的家庭，这个家庭执着地相信教育的力量、相信知识的力量，即便在国破家亡的边缘、奔波逃亡的路上，这种信念也从未改变。

作者手记：

家庭是人生的第一所学校，父母是孩子的启蒙老师。"家风是一个家庭的精神内核，也是一个社会的价值缩影。"杨士莪最大的幸运在于，他出生在一个崇文重教的家庭，这个家庭执着地相信教育的力量、相信知识的力量，即便在国破家亡的边缘、奔波逃亡的路上，这种信念也从未改变。这个家庭执着地相信，不管在什么恶劣的情况下，只要葆有"读书的种子"，无论是对一个家庭还是对一个国家来说，都有重新兴盛、焕发生机的希望。来自家风的熏陶、父母的影响，为一颗种子注入了向上生长的初始力量。而杨士莪其后的人生轨迹也证明了，如果能在一个国家、一个家庭的至暗时刻都没有放弃向上生长，那么这颗种子在其后的人生道路上，不管遇到什么困难、多大的阻力，都不能阻挡其向上生长、向光而行。

　　杨士莪家中最有特色的，莫过于他的书房。整整三面墙的书架上从地面到顶棚摆满了书，除了水声科学、自然科学类的专业书籍外，还有很多政治、历史、文学、艺术类书籍，内容丰富，包罗万象。为了方便取放书籍，书房中还配有一个梯子，对于这些"朋友"，杨士莪熟悉它们每一本的位置，需要某本书时，时常随用随取，信手拈来。"书山有路勤为径"可算是对杨士莪与他的书房的恰切描述。书架上还有一些特殊的"老朋友"，比如儿时练字的写字本、少年时代读过的书籍，以及与杨士莪同龄的相册。

　　像家中藏书一样，杨士莪家中的相片格外多，家族成员、杨士莪成长中各个时期的照片按照时间先后被整整齐齐地整理成了数十本相册，这个家族和杨士莪个人的成长轨迹也因此变得一目了然起来。特别是杨士莪降生时，父亲的友人作为贺礼赠送的一本相册，九十余年中，这本与杨士莪同龄的相册，历经岁月变迁、战乱逃亡、数易住址，始终被不离不弃地珍藏于身边。略显斑驳的皮质封皮里，承载着杨士莪和这个家族的发展轨迹，记录着这个家族的成长故事。人们在翻看相册的时候，似乎也可以感受到这个家族在百年时光流转中对重视教育的家风的坚守。

　　1931 年 8 月 9 日，农历六月廿六，杨士莪诞生于天津市英租界马场道。在这一年，中国近代

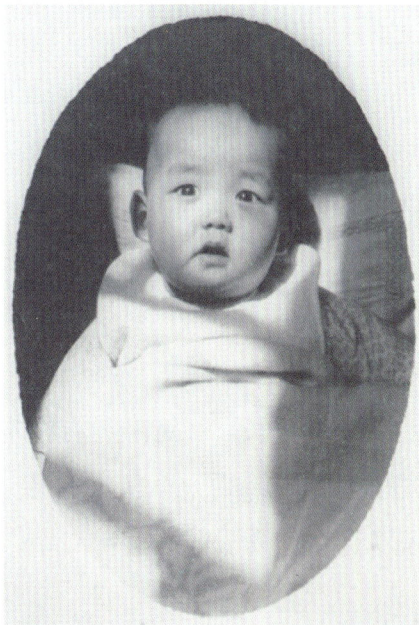

襁褓中的杨士莪（摄于1931年）

3

历史上规模最大、耗时最长的中原军阀混战刚刚结束；国民党军队马不停蹄地向闽西、赣南中央红军根据地发起"围剿"；长江、淮河水灾肆虐，数百万灾民备受煎熬；觊觎中国东北的日本统治集团终于等来了入侵的最佳时机。

在家国不幸中，这个蕴含着无限生机与希望的小生命，注定要像他的亿万同胞一样，在民族苦难的命运旋涡中，饱受艰难困苦与颠沛流离。战乱频仍的年代，杨士莪作为长子、长孙的出世，给杨家带来了温暖与希望。

杨士莪祖籍河南南阳。杨家是南阳一带的大户人家。杨士莪的祖父早年为其曾祖父辅之公立碑时，曾撰文：

> "士本人中秀，良田贵勤耕。诗礼传至训，宏农振家声。"愿吾子孙世继此志，互相劝勉，勿堕家声为嘱。①

这首诗成为杨家的规矩和风气，为铭记并传承家风，杨家子孙按照诗中二十字宗族次序排辈。国学功底深厚的杨鹤汀反复考虑，为这个杨家"士"字辈长孙挑选了一个"莪"字，取名"士莪"。

"莪"字语出《诗经·小雅》中的《菁菁者莪》篇："菁菁者莪，在彼中阿。既见君子，乐且有仪。""莪"是一种生长在水边的多年生草本植物，生命力顽强。诗以"莪"之茂盛，生长在水边，指人才的成长。《诗经》有注本说："菁菁者莪，乐育材也。君子能长育人材，则天下喜乐之矣。"后世用"菁莪"指育材，是对培育人才的赞美。"士莪"二字，凝结着一生致力于教育救国的祖父

---

① 杨廷宾：《八十忆往》，未刊稿，第77页。

的殷切期望。

命运中一个令人惊叹的巧合是，杨士莪的毕生研究领域的确与"水"密不可分，着实"生长在水边"，他也的确成长为我国水声领域的战略科学家，并为这一领域培育了大量领军人才，此是后话。

笃信教育救国的祖父杨鹤汀

杨士莪的祖父杨鹤汀（1877—1961）本名维禄，其有感于列强瓜分山东，愤而将"维禄"改为"维鲁"，改字"鹤亭"为"鹤汀"，并以字行世。杨鹤汀生活在19世纪下半叶中国艰难迈向近代化的历程中，他深受"兴学育才，实业兴邦"观念的影响，希望通过兴办教育振兴国家。

杨家先人经商致富，广置田产，至杨鹤汀一代家境日衰。列强欺凌，政府腐败，在大多数国民的命运滑

81岁的杨鹤汀（1958年摄于南京）

向深渊时，杨鹤汀毅然投向辛亥革命洪流，他一生立志教育救国，在家族中第一个走出南阳，到新式学堂求学。

杨鹤汀于1906年毕业于北京法政学堂。在京求学期间，不满清廷腐败，倾向孙中山先生领导的民主革命，加入同盟会，是南阳地区同盟会负责人。1908年，他与同是同盟会会员的罗飞声创办新式学堂——南阳公学。辛亥革命前夕，南阳公学的师生是南阳城里最

1910年，杨鹤汀、杨廷宝父子（摄于南阳县城隍庙后院。杨鹤汀时年33岁；杨廷宝手执地球仪，时年9岁。清朝末年，辛亥革命前夕，地球仪虽不罕见，但也不是寻常玩具。杨氏父子的这张手执地球仪置于胸前的照片也因此具有了睁眼看世界，走向广阔天地的象征意味。）

集中的一支反清革命力量。辛亥革命后，杨鹤汀因为声望卓著而被推举为首任南阳知府。不久，南北"议和"，袁世凯窃国，杨鹤汀愤而辞职，弃官执教，又先后创办河南农业专科学校、南阳女子中学等。"陋室如斯切莫笑，从来白屋出公卿。"① 这是杨鹤汀在1926年艰苦环境下兴办学校时写的诗句。他一生立志教育救国，不但改变了自己的命运，也改变了杨家后人的命运轨迹，并为他们打上了"崇文重教"的家族烙印。

杨鹤汀教育子女与时俱进、以学报国，常对孩子们说："要学文化、学科学，要有一技之长，志在四方，守在家请吃坐穿最没出息。"在其鼓励与教育下，杨家子弟相继走出南阳、走出国门、走向更广阔的世界，以学报国，不负所望。其长子、杨士莪的父亲杨廷宝就是其中之一。

---

① 杨鹤汀：《杨鹤汀先生诗文稿》，未刊稿，第6页。

践行以学报国的父亲杨廷宝

杨士莪的父亲杨廷宝（1901—1982），字仁辉，生于河南南阳。作为中国近代建筑界、建筑教育界的一代巨匠，他是中国近代建筑设计科学的开拓者之一，在中国建筑界与梁思成合称为"南杨北梁"。20世纪50到60年代，杨廷宝先后当选为新中国最高科学殿堂——中国科学院首批学部委员（后改称"院士"）、国际建筑师协会副主席等。

赴美留学期间的杨廷宝

杨廷宝的生母米氏是南阳大户米家小姐，宋代四大书法家之一米芾的后人，能书善画，在生产杨廷宝时因失血过多而早逝。杨廷宝自幼体弱多病，记忆力不佳，6岁入家塾学习，曾因背诵困难被家塾先生逐出，且被评为"断难成器"。杨鹤汀不以为意，鼓励孩子"先养好身体，空下来多临帖练字，来日方长，不要灰心"。杨廷宝出于对母亲的怀念，时常取出母亲留下的文房四宝和画卷遗墨临摹，书画水平日渐长进，为他日后成为建筑大师打下了扎实的绘画根基。后来他在父亲的鼓励下投考新式学堂——河南留学欧美预备学校，并在14岁时以河南省考生第一名的成绩被清华留美预备学校录取，到校后又连跳两级，受教于时任物理系教授、后来的清华大学校长梅贻琦。他与闻一多为同班同

7

学，因酷爱美术、志同道合，与其结为挚友，二人成绩出众齐名全校。1921 年杨廷宝考入美国最著名的建筑院系——宾夕法尼亚大学建筑系，用两年半的时间完成四学年的全部课程，并获得该校学士学位的最高荣誉。

杨廷宝 1927 年归国后，在当时中国影响最大的建筑事务所——基泰建筑工程司任首席建筑工程师。20 世纪 20 年代，他与留学归国的青年建筑师们设计了一批出色的公共建筑和民用建筑，打破了外国人垄断中国现代建筑的局面，开创了中国近代建筑设计事业和建筑活动的新时代，成为中国现代建筑界第一批中坚力量。1940 年起，他先后在中央大学建筑系、南京工学院（现东南大学）建筑系任教授及系主任，一生指导、设计、修缮了北京的天安门广场、人民英雄纪念碑、毛主席纪念堂、和平宾馆、清华大学校内建筑等数以百计的建筑，培养了包括戴念慈、吴良镛、齐康、戴复东、钟训正等数名中国科学院和中国工程院院士在内的建筑人才。

杨家子弟以父兄为榜样，崇文重教，诗书传家。几代人亲历一个封建帝国蜕变为近代中国的艰难历程，与国人一起寻找重生的道路，即使在兵荒马乱、朝不保夕的苦难岁月，这个家族也坚定地保留"几颗读书的种子"，将他们打上了"崇文重教"的家族烙印。多年后，杨廷宝、杨士莪及众多杨家子孙造就了"一门两院士，满门科教才"的家族荣耀。

在动荡奔波中"走哪学哪"

儿时杨士莪的照片与同龄人相比格外多。从襁褓中开始，父母得空就用自家的照相机为这个小生命留下生命伊始的宝贵纪念。

20世纪二三十年代，照相机于普通人家而言是件贵重且新奇的奢侈品。这架照相机是杨廷宝在美国求学期间，数次获得全美建筑系学生竞赛头奖后，用奖金购买的奖品。杨廷宝常将它和一个小本带在身边，看到有特点的建筑物就用相机照下来或者在小本上画下来，作为设计素材。照相，是杨士芪儿时因为父亲的职业而享受到的令人欢欣的优待。

杨廷宝与陈法青结婚时留影（摄于1927年春）

由于杨廷宝的职业特点和战乱威胁，杨家或举家随迁，或躲避战火，"动荡奔波"和"走哪学哪"是杨士芪对童年生活的最深印象。

杨士芪的童年时期，正值杨廷宝归国后建筑设计创作的黄金期，在天津、北平、南京等地来回奔忙，对家庭几乎无暇顾及。家中事无巨细，都由妻子陈法青操持。

杨士芪的母亲陈法青（1901—2004），祖籍河南西平，先后毕业于北京女子师范学校和北平国立艺术专科学校，是一位思想开明的知识女性，婚后持家，相夫教子。杨士芪的外祖父陈铭鉴(1877—1945)字子衡，号莲友，清举人出身，西平名士，民国时曾任参议院议员、宪法起草委员会委员等职。为反袁世凯称帝，避难隐退，致力于县志纂修，并联合在北平居住的河南籍知名人士，创建北平私立河南中学(后改名嵩云中学)，一生著述颇丰。

杨母陈法青性格爽朗且待人热情，为整个家庭营造了积极乐观、

杨士莪（杨廷宝怀中所抱者）与父亲及两位姐姐在天津寓所合影（摄于1932年）

平和温馨的氛围。师范学校的教育背景、开明的思想和干练的行事风格，使她成为杨士莪最好的启蒙老师。

当时，杨廷宝所在的基泰建筑工程司总部设在天津。杨家举家紧随杨廷宝事业的脚步，在天津英租界马场道五官胡同赁屋而居。在租界中，中国人在自己国家的土地上，没有自由和权利设计建造自己的房子。杨廷宝从未忘记早在赴美留学前，父亲对自己说的话："要给中国人争口气"，他将满腔爱国热情倾注到自己擅长的领域，与留学归国的中国第一代建筑师们，打破了外国建筑师一统天下的局面，与外国建筑师同台竞争。尤其值得一提的是，由杨廷宝负责建筑设计方案的天津日租界中原公司（现天津百货大楼）的项目，挫败日本人的暗中作祟，成功拿到施工执照，打破了在日租界内由日本建筑师垄断建筑的局面。

杨廷宝夫妇共育有五个子女，除最小的儿子杨士萱1933年生于北平外，其他四个孩子均出生于天津。混乱时局中，陈法青以开朗的性格、坚强的毅力、知识女性的干练和果断，将杂乱纷繁的家庭事务打理得井井有条。她曾回忆说："为了支持廷宝的事业，我尽量不使他分心，独自料理好子女的教育和各项家务琐事。当年的天津是半殖民地化的城市，人情淡薄，处处向钱看，我们在那里生活很不习惯。"[1]

令杨士莪印象深刻的是儿时家中珍藏的一面"五色旗"。那是当年父亲出国留学时，将其作为"国旗"随身携带，以志不忘国家民族之意。"五色旗"在1912至1928年作为中华民国的国旗，由红、黄、蓝、白、黑五种颜色组成，分别象征中国的汉、满、蒙古、回、藏五大民族，含有五族共和之意。杨士莪很小的时候，就被告知五种颜色的象征意义，多少年来始终牢记不忘。

1933年，杨廷宝已是基泰建筑工程司主持图房的总建筑师，功成名就，有了较高的社会地位。古朴、开阔、气派的南京建筑中，有一百多项各种类型的工程设计都和杨廷宝有关。但他还是趴在图桌上制图，丝毫不敢马虎。他常对孩子们讲："善于掌握时间的人，会比一般人容易得到成功。"他平时工作繁忙，孩子们从小就养成习惯，从不打扰他工作。他喜爱安静，除了绘画、武术外，并无太多兴趣爱好，即使在家中时，也是在书房看书、画画或做建筑设计。遇上风和日丽的假日，他偶尔也会挤出时间和孩子们一起出外游玩。在郊外，孩子们高兴地四处玩耍，杨廷宝如果看到某座古庙或有趣的建筑，则开始聚精会神地写生作画，一两个钟头后，孩子们玩得尽兴，父亲的画也完成了。

杨廷宝性情平和，一生谦虚谨慎。他曾对家人说："幼年养成的品德和学习习惯，往往能影响一个人的一生。"在杨士莪幼小的心灵中，民族感情、爱国主义、敬业之心等，被具体化为父亲贴身携带的"五色旗"、伏案制图的背影、随身携带的写生画册。父母

---

[1] 陈法青：《忆廷宝》，载刘向东、吴友松著《广厦魂》，江苏科学技术出版社，1986，第239页。

11

的言传身教和家庭环境的浸润，成为杨士莪品格形成的关键因素。

1933 年初，古建筑专家朱启钤邀请杨廷宝到北平开设基泰分公司，进行北平古建筑的修缮和加固工作。杨氏夫妇考虑到今后几年的工作重心都将在北平，孩子们也相继到了入学年龄，到北平可以就读更好的学校，于是决定举家迁居北平，租住在东城区干面胡同的一座两进四合院内。

▌杨士莪（前排中）与家人在北京干面胡同四合院住所内合影（摄于1936年）

北平时光留给杨家孩子们的记忆是愉快的。那时，杨廷宝主要在北平工作，不像以前各地奔波。他的工作依然繁忙，但一家人每天都可相聚，其乐融融。杨士莪姐弟几人年纪相仿，不乏玩伴，在孩子们的世界里，只要能吃饱穿暖就可无忧无虑。

1936 年秋，杨士莪进入北平私立明明小学就读一年级。两位姐姐士英和士华已经分别在这里就读三年级和二年级。这所小学成立于 1932 年，位于崇文门内西观音寺胡同内，是一幢有两层楼的宅院，由美国协和医学院承办，因教学水平较高，在当时颇有名气。校长王素忆是美籍华人，曾在美国留学并获博士学位。学校董事会的成员多数是北平东城区的知识分子，他们将子女送到该校就读，学生数目不多，大多彼此熟识。

明明小学很重视英语教学，从一年级开始就上英语课，用的课本是从美国进口的全英文教材，并按照"洋习惯"过圣诞节、复活节等。

在北平明明小学就读一年级的杨士莪（摄于1936年）

学校一学年会组织学生进行几次"社会参观"的活动，如参观位于朝阳门大街的仁立地毯厂、位于煤渣胡同的北平英文日报社等。地毯制造机、英文排铸机、汉字操作间等给学生们留下了很深的印象。在春分日的正午，王素忆特地给学生介绍在这特定日子的正午，身影的长度恰好等于身高的现象。学校还组织高年级的学生到美国人开设的华文学校，借用临时架设在楼顶的小型天文望远镜观测夜空中的行星。

在明明小学的学习生活对于杨士莪而言是轻松愉快的。令他难忘的是，身体瘦弱的他，还曾因为在一个月内体重增加了一斤，获得过一块银圆的奖励。

1937年7月7日，"七七事变"爆发。7月底，北平、天津相

继沦陷。刚上完小学一年级的杨士莪，与家人一起踏上了逃难的漫漫路途。

逃难途中的精神食粮

抗日战争全面爆发后，日军的触角很快伸到了广大华北地区。杨廷宝当时承接的大部分工程在南京和上海，所以并不在北平。形势危急，邮路断绝，陈法青联系不到远在上海的丈夫，果断决定带着五个子女逃回南阳。她一面设法联系丈夫，一面特地找人打了两口大铁皮箱，将丈夫的重要书籍、画卷、资料，孩子们的图书装入箱中。他们在家中两位雇工的帮助下南逃，先经天津坐海船到青岛，又多次换乘火车，经济南、徐州、郑州，到达许昌后，始与杨廷宝相遇。各车站上，成千上万长衣短打的人，扶老携幼都往月台上挤，铺盖、箱笼满地，哭喊、叫嚷的声音将车站变成一个沸腾的大锅。

▌杨士莪（中排右一）与祖母（中排居中）、母亲（后排居中）及姐弟在南阳内乡县马山口镇秦家寨避难时合影

杨家一路颠沛流离，终于辗转回到南阳老家。

虽然杨士莪当时年纪尚小，但是一路上的艰辛和舟车劳顿，时刻担心失散而紧追亲人不舍的恐惧感，以及亲见日本兵的蛮横、伪军的贪婪，在他幼小的心灵中留下了关于逃难的难以磨灭的印象。

回到阔别多年的家乡，一路上惊恐劳顿的一家人已无心情欣赏故乡"秋日田亩金黄成片，悠闲老牛树下反嚼"的美景。国家命运前途未卜，"覆巢之下，安有完卵"的悲戚，让在战火中欣喜相聚的杨家人，别有一番滋味。

在艰难奔波的逃难途中，一大箱孩子们的图书始终被不离不弃地携带着，这其中包括历史故事、科普读物、小学教材、文学作品等。在秦家寨居住期间，杨士莪不断翻阅这些书籍。这些书不但初步培养了他的民族感情，也激发了他对中国文学和历史的兴趣。其中一套由文化生活出版社出版的《少年科学丛书》，以通俗浅显的语言，向少年读者介绍自然科学知识。有一本由索非著的《人体旅行记》，讲述一个顽皮的小男孩用气枪打落石臼边上的小石粒，无意间将其随米饭一起吃掉，通过小石粒和其他食物经历消化系统各个环节的经历，介绍了人体不同消化器官的功能，深入浅出、通俗易懂，让杨士莪如今忆及，仍觉颇有趣味。他时常到祖父的房间去玩。祖父的桌上有一本厚厚的"大书"，讲的是汉字从甲骨文、金文、小篆、隶书、楷书、行书的变迁，杨士莪常爱翻看，因而也认识了若干甲骨文、篆字等不同的汉字形态。数十年后，他仍能对当时一些书中内容如数家珍，这些书成了他对自然科学和社会科学最好的启蒙读物。

闭塞的乡村中只有一所半私塾式的小学，教学方法和内容很落后。为了不耽误孩子们学习，具有师范学校毕业的教育背景和家教经历的母亲按照"复式教学法"，将五个孩子分成不同年级，教授

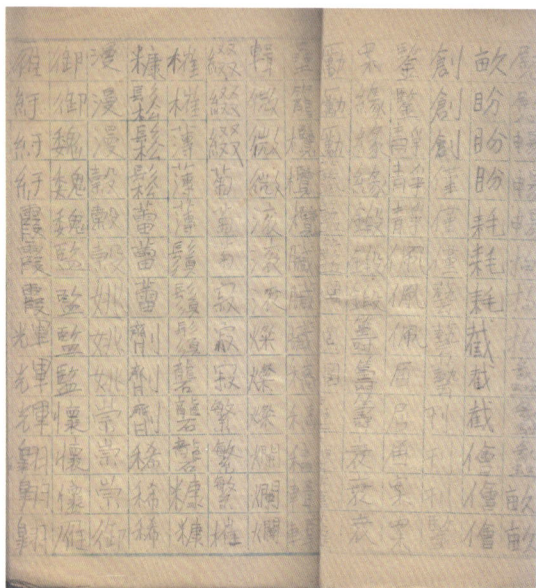

杨士莪儿时的生字本

普通小学中的常设科目。每天上午学习，下午则让孩子们自由嬉戏，或由姑姑教唱抗日歌曲。年纪稍长一点的长姐杨士英和长兄杨士莪任"班长"。有一次上课，二弟杨士芹忽然大哭，大人一问原因，原来是尿裤子了。问他为什么不到厕所，他回答说："大哥规定几点几分才准尿。"一丝不苟可见一斑。

杨士莪在母亲的教育下，语文学习"四书"及《古文观止》中的文章，数学学习四则运算和应用题，英语学完了明明小学一到三年级的英文教材。淘气好动的他不爱背四书五经，就跟母亲发牢骚说"太枯燥了"。"枯燥？喝两碗水就不枯燥了！"母亲生气时说的这句话让他记忆犹新。

杨士莪回想起当时的经历，说道："现在回忆起来，对于母亲当时让我学这些古书是很感谢的，让我有机会从小接触国学，对后来的成长也很有好处。"在他家中，至今保留着他上小学时的生字本，纸张已泛黄却保存完好，一笔一画的字迹里，泛出了母亲的影子，慈祥而有远见，仿若就在身边，触手可及。

两年多的逃难生活并没有耽误杨士莪姐弟的学业，他们反而在父母有针对性的"因材施教"下，提前完成了各自学业，养成了勤奋好学的习惯，并为以后的学习打下了扎实的基础。

战火中的宁静弥足珍贵。闲暇时，杨士莪兄弟或在祖父的带领下在默河之滨游泳，或登高眺望巍峨连绵的八百里伏牛山。默河从万山丛中流出，至马山口镇进入开阔的平川。河两岸林木茂密，河水清澈见底，两岸筑堰引水灌田。用笊篱在小河沟边上的草窠里一捞，就有活虾，回家一炸就是晚饭桌上难得的美味。杨士莪还喜欢爬山捡蜗牛壳，捡回来后摆成蜗牛阵，玩排兵布阵的打仗游戏，用铜板去砸蜗牛壳，砸中了就算打死了一个敌人。

祖父曾写诗记述此间生活：

大乱终须避，乐土何处寻？携眷向西去，仆仆劳风尘。菊潭觅桃源，停车始问津。此寨有望族，比户皆称秦。刘茅先补漏，筑室与为邻。和合常来往，酬酢分主宾。最喜乡谊厚，颇觉风俗淳。有无原可通，情意亦相亲。闲游马山麓，偶浴默水滨。杨柳环沙堤，花草铺锦茵。年丰才是乐，书多不算贫。晚节嫌迟暮，久屈欲早伸……①

字里行间流淌着一代知识分子对家国的希望和信心。当他听到抗日前线传来捷报时，倍感兴奋与欣慰，欣然写下：

万物纷纭天地间，方知松柏耐岁寒。
樗材偷生岩穴下，欣随桃李仰高山。②

---

① 杨鹤汀：《杨鹤汀先生诗文稿》，未刊稿，第13页。
② 杨鹤汀：《杨鹤汀先生诗文稿》，未刊稿，第15页。

抗日战争全面爆发后，国民政府内迁入川，立重庆为陪都。基泰建筑工程司将总部迁往重庆。1939年，杨廷宝受邀只身至渝。1940年春天，杨士莪的大姐杨士英该升初中了，为了不耽误孩子的教育，杨氏夫妇决定举家再迁，奔赴战时文化教育资源集中的重庆。

1940年春天，杨家从内乡，经湖北老汉口、宜昌等地，终抵重庆。重庆因人口猛增数倍，住房极度紧张。杨廷宝夫妇将家安顿在了歌乐山虾蟆石十号。歌乐山远离重庆市中心，山上松柏苍翠、林壑幽美，成了战时躲避空袭的最好掩护，因而被国民党政府规划为"防空疏散区"。山上住满了难民。杨家住的是一座用竹篱笆糊泥搭盖的二层简易房。这种用竹木架、篾席等捆绑出来的简易房被称作"抗战房"，它们能在一夜之间被炸光，也可被迅速重建。山上没水，生活用水要到山下的水塘挑取，山路崎岖难行，挑到家里的水更显珍贵。因而杨士莪最喜欢下雨，一到下雨时就赶紧把桶、盆放到屋檐下接雨水，倒进自制的"过滤器"——上下叠放的两个缸，在上面的缸里依次铺有细沙、石子、棕榈叶，雨水过滤到下面的缸里，烧开后饮用。

杨士莪在高店镇中心小学求学时在歌乐山上留影（摄于1940年）

杨家到重庆前，日军已经对重庆进行了两年无区别、无限制的狂轰滥炸。为了躲避空袭，杨家与邻居在离家20米处合修了一个防空洞。飞机来时，家人就躲到防空洞里，胆大淘气的杨士莪与弟弟们留

在山上，看那轰炸机尖叫着丢下一串串闪光的炸弹，还发现了日机的投弹规律：一架侦察机先从头顶上飞来，尾巴后头拖着烟，到了一定位置将烟关掉，然后又到另一个位置放烟，此间的空白就是让轰炸机在这投弹。有时飞机就在他们头顶向下投弹，但炸弹是抛物线落下的，所以真正落地并不是他们那里。

频繁从天而降的炸弹，将包括杨家在内的重庆人民的生活蒙上了一层战战兢兢的阴影。"从此无心对明月，但求浓雾锁长空"，成了当时对人们惊恐心情的写照。但即便生活再艰苦、环境再恶劣，杨家对孩子的教育也从未放松，孩子们在战火纷飞中坚持完成了最初的启蒙教育。

启示二

既要有爱国心，又要有爱国力

在他看来，读书是为了救国和报国，爱国可以出于热情，救国必须依靠力量。"吾人要救国，第一须有爱国心，能为国难奋斗。第二须有爱国力，能为国事尽职。有心无力，无补实际，有力无心，众所共弃。"

作者手记：

　　杨士莪少年时代亲身体验到的国仇家恨远胜任何爱国教育。国破家亡与颠沛流离让他更深刻地体会到国家兴亡与个人命运的切身关系，他在不知不觉中，早已将励志强国与自身命运紧密地融为了一体。在他看来，读书是为了救国和报国，爱国可以出于热情，救国必须依靠力量。"吾人要救国，第一须有爱国心，能为国难奋斗。第二须有爱国力，能为国事尽职。有心无力，无补实际，有力无心，众所共弃。"这成为他的终身信条。他在战乱中求学，在战斗中成长，恰逢中国巨变且亲身参与其中，自然地把追求国家富强作为自己的理想，把发展科学事业当成自己的目标，主动肩负历史重任，把自己的科学追求融入国家建设的伟大事业，把民族的整体崛起看作个人幸福的基础。杨士莪一生最大的"幸运"在于，他把自己镶嵌在国家进步的车轮上，而国家也成就了他，助推了他个人的发展，这是"一个人"与"一个国家"理想的和谐状态。杨士莪的经历证明：个人理想，只有融入强国之梦，才能获得方向的指引；爱国之志，只有转化为勤勉工作的实际行动，才能获得不竭的动力。

　　1941 年秋，杨士莪提前结束了小学的学习，以同等学力顺利考入重庆南开中学。他在这里接受严格的教育，学习科学，认识人生，由懵懂孩童成长为具有爱国意识、集体生活习惯与服务社会能力的蓬勃少年，并奠定了他一生进修的基础。5 年的"沙坪岁月"铸就了杨士莪更高的人生起点，也翻开了他新的人生篇章。

▌杨士莪报名重庆南开中学时留影（摄于1941年）

一所中学的精气神

　　南开学校是一个完整的私立教育系统，包括大学、中学、女中、小学四部。校长张伯苓（1876—1951）是中国现代教育的创始者之一，中国著名教育家，也是南开系列学校的创始人。1894 年，他毕业于北洋水师学堂，后目睹甲午战场威海卫由日本手中移交英国占领时"国易三帜"的场面（接收时，先下日旗，后升国旗，第二天，改悬英旗），悲愤填膺，深受刺激，"念国家积弱至此，苟不自强，奚以图存？而自强之道，端在教育：创办新教育，造就新人才"[①]，遂毅然决定脱掉海军军服，拿起三尺教鞭，终生献身教育。张伯苓格外重视中学教育，他说："中等教育为高等教育之基础，又为从

① 梁吉生：《张伯苓教育思想研究》，辽宁教育出版社，1994，第 10 页。

事各种职业之预备。学生事业根基之培植，道德精神之训练，及生活技能之培进，胥维良好的中学教育是赖。"①

他认为国势衰颓的原因在于"五病"——愚、弱、贫、散、私。因而，学校格外重视对学生的爱国教育和公民教育，主张教育并非只是使学生读书习字，而是要使学生的个性得以充分发挥，德智体美"四育"并进而不偏废，不偏重于求知的"智育"。当日军侵华愈演愈烈时，南开始终高举抗日救亡的大旗，时常发起爱国运动，日军感到如鲠在喉，必欲除之而后快。1937年7月，日军对天津发动全面进攻时，南开被视为"非摧毁不可"的轰炸目标。日军第一炮打河北省政府，第二炮就打南开，野蛮轰炸使南开的教学设施等被摧毁殆尽，成为一片焦土。眼见数十年心血一朝化为灰烬，张伯苓沉痛而满怀信心地说：

> 敌人此次轰炸南开，被毁者南开之物质，南开之精神将因此挫折而愈益奋励……我深信中华民族是不会灭亡的。南开学校是为复兴祖国而产生，必然遭到日寇所嫉恨，其被炸被烧是意料之中，只要中华民族存在，南开也必存在！②

学校师生随后西迁重庆。南开中学是抗日战争爆发后第一所被日军炸毁的学校，也是第一所在后方以长期抗战为信念建立的学校。曾有人担忧地问张伯苓："日军如果再来轰炸，怎么办？"张伯苓

---

① 梁吉生：《张伯苓教育思想研究》，辽宁教育出版社，1994，第398-399页。
② 梁吉生：《允公允能 日新月异：南开大学校长张伯苓》，山东教育出版社，2003，第85页。

坚毅地说："再炸再修！"

　　风雨如晦，鸡鸣不已；烽火连天，弦诵不绝。杨士莪就是在日军的"再炸"与南开师生的"再修"中，开启了南开历程。

▌杨士莪珍藏的重庆南开中学校景（津南村教师家属区）照片

▌杨士莪珍藏的重庆南开中学校景（校门）照片

25

"读书是为了救国和报国"

南开中学全体学生都要住校，实行准军事化管理。初高中学生分别实行童子军和军训管理。1941年秋季学期，南开中学首设实验班，进行"五年一贯制"的教学探索。在这一届新入学的近200名初一男生中，择优80人编为一、二两班作为"实验班"。实验班不分初高中，学生不必参加初高中的毕业和升学考试。杨士莪是实验一班里年龄最小的学生，并将这个纪录一直保持到大学。

▌杨士莪在重庆南开中学就读初一时，所在班级名册影印件

---

① 重庆市档案馆，档号：01420001000960000020。

▌ 杨士莪在重庆南开中学求学时
初一一班学生名单

▌ 杨士莪在重庆南开中学求学时
高一一班学生名单

学校非常重视德育，尤其是爱国主义教育，在张伯苓看来，教育范围不能限于书本教育，而应特别注重人格教育、道德教育。爱国是实现教育救国的前提，也是南开培养人才的第一要义。学校每周一在操场上举行全校集会——"周会"。张伯苓、校务主任喻传鉴及不同政治派别、不同观点的政要、学者等社会名流会来校演讲，演讲内容从国际大局、抗战形势、时政财经到天文地理、文化教育、科学技术、修身养性、励志报国等，使杨士莪视野大开。

在校园里，杨士莪有时能看到穿着长袍、挂着手杖的张校长散步巡视。

在刚开学不久的周会上，杨士莪与一千六百余名学子一起严整列队，聆听了张伯苓对校训"允公允能，日新月异"的解读：

所谓"允公允能","允公"即爱国为公,学生要知道尊重公共利益的重要,舍身为公的可贵,借以养成为国家民族牺牲的精神;"允能"是要有现代化的科学才能,要有服务社会的能力。所谓"日新月异",就是每个人不但要能接受新事物,而且要能成为新事物的创始者;不但要能赶上新时代,而且要能走在时代的前列,一个人要忠于自己的生命,就必须要能吸收新知识,发挥新思想,并能予以实行……读书是为了救国和报国,爱国可以出于热情,救国必须依靠力量。学生在求学时代,必须充分准备救国能力;在服务时期,必须切实实行救国志愿。有爱国之心,兼有爱国之力,然后始可实现救国之宏愿。诸君生当今日,机会甚多,责任极重。宜于此数年内,预备充分之学问之能力,以期异日尽责于国家。

校务主任喻传鉴在《我之十大信条》中曾写道:

一、求学是为救国,不是为家族争光荣。做事是为服务,不是为个人谋福利。昂藏七尺躯,俯仰天地间,必须时时事事以国家民族利益为前提。二、吾人要救国,第一须有爱国心,能为国难奋斗。第二须有爱国力,能为国事尽职。有心无力,无补实际,有力无心,众所共弃。[1]

"允公允能,日新月异"及师长的信条使杨士莪铭记于心,终

---

[1] 梁吉生:《张伯苓教育思想研究》,辽宁教育出版社,1994,第10页。

生不忘。他一生思想自由不羁，但时刻以"为国为公"作为其奋力进取的根由，时刻紧随科技领域日新月异的发展，与时俱进，不敢稍懈。

1944年12月初，湘桂战场溃退，日军深入贵州，重庆风声鹤唳。在杨士莪的记忆里，那是抗战以来重庆最寒冷的一个冬天。独山失守，一些学生家长准备举家避居西昌，为其子女"请假"。一天清晨，升旗仪式后，年已古稀的张伯苓严正表态："退学可以，请假不准。"略作停顿之后，又说："咱们南开已从天津退到重庆，现在不能再退。敌人当真来，南开只能与重庆同存同亡。"杨士莪与全校学生在大操场的寒风中肃立，在鸦雀无声中强忍热泪。他们将这国仇家恨化为"为救国和报国而读书"的动力，拼命用功，汲取知识如饥似渴。

学校规定学期结束时若有三分之一课不及格即留级，二分之一不及格即退学。暑假后，全校成绩公开贴在"范孙楼"，红笔写名即是留级，被称为"红榜"。学生们不跑警报时，埋首用功；跑警报时，课本仍然带着。停电时，大家用墨水瓶倒点清油，插根棉纱，就是一盏小台灯，几十盏微弱摇曳的灯火，一闪一闪好像萤火虫，同学们或闷头儿做作业，或背诵唐诗宋词。学校并不提倡开夜车学习，但为防止学生在宿舍偷偷点蜡烛看书引发火灾的危险，就打开食堂的大门。所以不少人到食堂秉烛夜读，只见一大片烛光闪烁。

学生穿统一校服，女生齐耳短发，男生无一例外全部光头。当时曾有一些学生要求蓄发，喻传鉴处理此事的方法很是风趣。在一次周会上，他说："不是绝对不让你们留头发，而是因为你们现在年龄还小，应该把主要精力用在学习上，留了头发在一定程度上会分散精力，对学习不利。头发留了以后不外乎两种情况，第一种是天天梳洗整理，还要擦油，弄成了个'油头'。"这时他问大家："你

们说，这油头下面是哪两个字？"大家高声回答："粉面！" "那你们愿不愿意做一个油头粉面的人？"大家齐声回答："不愿意！" "第二种情况呢，就是不梳不洗，乱七八糟，成了个'蓬头'。"接着他又问，"'蓬头'后面是哪两个字？"大家回答："垢面！" "那你们愿不愿意做一个蓬头垢面的人？"大家又齐声回答："不愿意！"喻主任于是说："既然如此，还是暂时不留头发为好，等你们长大了，学业有所长进，那时再留头发也不迟嘛！"喻主任的解释让所有人心服口服，此后再未有人提出异议。

学校执行严格统一的作息、请假、宿舍管理制度。男生宿舍是一条长统舱，中间走道，两边用齐胸矮墙隔成许多小间，每个小间四张床，小间之间既隔断又连通。内务整理要求严格，每天都有被称为"考美"的内务评比。年龄小、身体弱的杨士莪在潜移默化中提高了生活能力，逐渐形成严整利落的作风，对他的个人生活和未来的科研工作，都大有裨益。

蓬勃的生命力与创造力

对杨士莪而言，每天下午"三点半"是个可爱的时辰。三点半至六点是课外活动时间，学生一律离开教室，按照各自的爱好和特长，自由开展各种科技、文艺、体育活动。每个学生都不准留在教室里做功课。训导老师在教室外巡视，如发现三点半后有学生躲在教室里做功课，立刻记大过一次。张伯苓常说："南开要把学生训练成两个man，一个是gentleman（绅士），另一个是sportsman（运动员）。"尤其是"sportsman"的培养目标，旨在使学生具有奋发向上的风貌、公平竞争的精神、团队合作的习惯。在运动会上就有过"一人一项运动"、全校个个是运动员、每位老师都当裁判的"盛况"。杨士莪身体瘦弱，始终是个"体育落后分子"，有时"观众"当得手痒了，也会到篮球场上传传球过过瘾。学校把包括杨士莪在内的每一位学生都卷入了一种体育竞赛的氛围中，即便不是运动员，至少是个摇旗呐喊的观众，这种"运动员精神"会在他们的心灵成长中起到潜移默化的作用。

"三点半见"成了同学们相约课后同行的口头禅。学校鼓励学生融入群体活动、养成组织能力、拓展课外知识，培养学生十八般"武艺"，话剧团、京剧团、军乐社等各种社团不下百余。在那个可塑的年纪，几乎每个人都被训练了"几手"。杨士莪将三点半后的时间，大多交付给了"忠恕图书馆"，图书馆大厅里迎面高挂一块大匾，上写"汗牛充栋"，让人心生敬畏。杨士莪在这里流连驻足，涉猎群书，像一块海绵投进了知识的海洋。

学校还鼓励、支持办壁报，训练学生的写作能力并活跃思想，各班、各年级、各社团都有自己的壁报，各具特色，琳琅满目，张贴在从各教学楼到各生活区的必经之处，叫作"文化走廊"。杨士莪与几名志同道合的同学仿照《大公报》，办班级壁报《小公报》，亲自操刀组稿，报道班级和学校趣闻。这个创作园地在同学中颇受欢迎，训导主任孙元福还给壁报题了词："没有白费的努力，没有侥幸的成功。"这蕴含了老师人生态度的话，后来也成了杨士莪的生活智慧。

在刚入学后不久的校庆日上，杨士莪看了生平第一场话剧——《国家至上》。编导、演员、工作人员等全部由师生担当。这种富有表现力的表演形式让杨士莪倍感新奇，兴奋的心情久久难以平复。张伯苓是最早在中国提倡话剧者之一。中国最著名的话剧家曹禺就

是在南开被领上话剧事业的道路。每届学生毕业，都要演出话剧。在校期间，杨士莪过足了话剧的瘾，给他带来很大的艺术享受，他对艺术的热衷与修养肇始于此。

杨士莪在初中期间当过三年童子军。学校经常组织童子军露营，以训练他们在各种环境下的生存能力，培养团队协作的精神和分工协作的组织能力。露营时，班里成员分别布置帐篷、搭灶支锅、站岗放哨，分工明确。杨士莪在家中时，因为母亲支使常在厨房帮忙，因而也有些"厨艺"，负责后勤保障，为同学们烙饼。看着同学们将那毫无卖相可言的饼吃得津津有味，杨士莪颇为得意。

杨士莪爱"玩"，热衷课外活动，演讲比赛、班级联欢会上，都有他活跃的身影。这不仅为他提供了充分发挥潜能、施展才干的广阔天地，也培养了他的乐群精神。德育、智育、体育与美育发展的平衡，使他能在困难之际有足够蓬勃的生命力接受挑战；为他勇敢踏上追求向真、向善、向美的人生道路奠定了扎实的基础。

伯乐与恩师

在学术的道路上，一个人或许会遇到数十位老师，然而真正能够称得上是"恩师"的，却屈指可数。老师们都曾传授过知识，因而在学问的积累上都给予过学生帮助。然而"恩师"则是除传授知识，还在学生的人生道路上给予帮助和指引，产生过深远的影响的人。在重庆南开中学，杨士莪遇到了人生中的第一位"恩师"——数学老师唐秀颖。

唐老师注重对学生数学逻辑、技巧和思考能力的训练，尤其是如何判断、推理、总结、验算，特别注意培养学生自学能力，鼓励学生主动学习，多读课外书籍，进行深入钻研。一次数学考试，有一道题难度较大，全班只有两位同学算对了。可在公布成绩时，并没有人得满分。学生问唐秀颖："既然我算对了，您为什么不给满分？"唐秀颖说，虽然做对了题，但解题的方法是个烦琐的笨方法，并没有真正掌握规律和技巧。随后把更简洁的解法一讲，大家恍然大悟，心服口服。

重庆南开中学数学教师唐秀颖，时年40岁。这是唐老师送给杨士莪的留念照

杨士莪酷爱数学课，他最大的乐趣之一就是抠数学难题。课堂上，唐秀颖会出一些难题，启发大家思考或自学。有一次，唐秀颖在课上出了一道证明"九点圆"的题，即证明一个三角形上选取的九个点在同一个圆上，给学生若干提示，请学生自己课下证明。杨士莪冥思苦想，终于找出方法，那种成就感带给杨士莪很大的满足。还有一次，讲到数学上的一道难题——怎样只用圆规和直尺取三分角。老师说这个题解不出来，国际上也有证明说不可解。杨士莪不服气，明知不可解，却仍苦苦思索。解一道道难题的过程，极大地锻炼了他的自主学习能力，这种能力的培养使他在未来的学习之路上受益匪浅。

杨士莪头脑灵活，但最反感背英语单词，因而初二、初三的英语考试成绩不及格；初三那年，劳作课也不及格。按照学校规定，

33

累计有三门课以上不及格就要被开除。唐秀颖听说后，亲自领着杨士莪找到校领导求情说："这个孩子很聪明，只是年纪太小还不够用心，但却是个可塑之才，况且实验班的课程安排与别校都不一样，把他开除了转到别校怕是把他耽误了，就让他跟着班级上吧。"这件事对杨士莪触动很大，后来，他也成为一名教师，对学生爱护的态度即深受唐秀颖影响。

唐秀颖是杨士莪人生中的第一个伯乐。她终生从教，1992年她八十大寿时，看到身边众多陪伴左右的学生时，说："我这一生最高兴的事是培养了这么多的学生。"多年后，杨士莪在一篇题为《忆》的文章里深情回忆恩师：

> 她为我们的每一步成长而感到由衷的快乐，为我们的每一点失误而感到焦急不安。她不仅教会了我们有关数学知识与如何做学问的方法，而且以自身的榜样使我们懂得了应该怎样诚恳正直地处世为人。唐老师在上课时喜欢讲的一句话："End is good, all is good."正是告诉我们要虚心、谨慎、有毅力和恒心，坚持到取得圆满的最终结果。这是做任何事情要想取得成功的唯一途径。[①]

唐秀颖是令杨士莪印象深刻、终生感念的恩师，两人即便在杨士莪毕业后多年依然时常联系，师生之谊伴随终生。82年后的2023年3月，杨士莪向母校重庆南开中学捐赠100万元，设立"唐秀颖教育

---

① 杨士莪：《忆》，载田祥平主编《重庆南开中学院士校友录》，重庆出版社，2013，第235页。

基金"，以促进学校教育事业的发展。基金的命名就是为了纪念唐秀颖老师。在杨士莪看来，自己一生学业的起步是从重庆南开中学开始，尤其幸运的是遇到了像唐秀颖老师这样循循善诱、严格细致、富于启发性的优秀教师，使得自己在未来成长中具有扎实的数理基础，有力地助推了自己在未来科研之路的前进步伐。

杨士莪还特别喜欢上语文课。他爱下围棋，这是跟高中语文老师李平阶学得的终生爱好。当时语文课里有一篇文章，讲文人"手谈"。手谈是围棋对局的别称，在下围棋时，对弈双方均需默不作声，仅靠一只手的中指、食指，运筹棋子在棋盘上斗智斗勇。其落子节奏的变化、放布棋子的力量大小等都可反映出布局者的心情，如同在棋局中以手语交谈一般。杨士莪听了很感兴趣，得知李平阶棋艺精湛，就常到他宿舍学下棋。一开始，李平阶让杨士莪九个子，随着杨士莪棋艺渐长，从让五个子到三个子，杨士莪虽始终没赢过老师，但两人倒也下得开怀。

杨士莪记忆力超群。语文老师时常考学生背古文，遇到难的，老师总是先提问杨士莪，似乎想通过他的背诵为全班同学"打个样儿"。几年的语文学习下来，杨士莪受到了比较全面扎实的文字和国学功底锻炼。李平阶古文根底深厚，会"吟哦"。这种用古文有节奏地背诵朗读，颇有古风情致，学生们非常喜欢，常请老师"唱"上一篇。杨士莪尤其喜欢学习作诗、填词、作曲。李平阶讲到诗时，说到写诗的技巧"整齐中有变化，变化中见整齐"，诗词的表现要有境界、有情韵，情景交融，言有尽而意无穷……这些都让杨士莪非常受用。

高二时，他填了一首《如梦令》的词牌子，如今依然能信口背来："昨夜梦魂频扰，片片犹忆多少，最苦是多情，依枕还愁天晓，啼鸟，

啼鸟，枝上唤春春渺。"

词中意境愁绪弥漫，杨士莪笑称当年"为赋新词强说愁"，其实也许是因为烽火连天，炸弹声伴着读书声，在这种环境中长大的孩子，心灵也因为忧患意识懂事得更早罢了。

1977年，周恩来总理逝世一周年，杨士莪还曾作《水龙吟·周总理逝世周年纪念》，以示悼念。令人赞叹的是，时隔多年，杨士莪依然能只字不差地娓娓背来：

> 毕生肝胆精诚，更千秋节风亮操。宣扬马列，笃行马列，殊勋常耀。恨彼畴昔，长河星堕，雾迷鸦噪。送英魂西去，人民百万双垂泪，长安道。
> 遗志飞灰大地，化春风草青花茂。鹰穷碧落，龙吟九底，电传佳报。领袖英明，妖氛荡尽，山河欢笑。看神州奋起，红旗艳丽，四化式肇！

至今，杨士莪家中依然保存着《平水韵》的韵书，他一直对帮助自己打下深厚国学基础的李老师心存感激。

在杨士莪所在班级的三十余名学生中，后来考上北大、清华这两所名校的，就有三分之一以上。杨士莪人生中的一大幸运是遇到一群既有真才实学又有教学艺术，既精专敬业又循循善诱的老师，他们无论是在科学教育，还是在生活教育方面都别出心裁地进行教学，师生关系自然而亲切。这些教师除了给杨士莪提供了知识外，更重要的是提供了求知的方法和路径，打开了他认知世界、观察社会的窗户和眺望世界的平台，同时也为他打下了一生读书为人的思想基础。

少年们的忧患

那时重庆防空力量薄弱，日机来了，如入无人之境，仅有一个相当有效的警报系统。第一次警报叫预行警报，在日机离开他们的基地时发出；第二次叫空袭警报，表明日机向重庆飞来，预计15分钟可达，这时人们都来到防空洞的入口；第三次叫紧急警报，表示飞机到达重庆上空，人们进入防空洞，路上断绝车马行人；警报解除后，汽笛徐缓地长鸣，好似在长长地呼气，庆幸人们还活着。

杨士莪与同学们有时躲在附近的防空洞里，看到敌机群编队整齐地跨越高射炮烟云，接近市区上空。然后依次俯冲投弹，地面烟柱随之腾空升起，并传来轰隆隆的爆炸声。杨士莪记得，一次空袭击中了校园，操场中央炸了一个三米多深、直径七八米的大深坑，食堂房顶都被炸飞，徒留四壁。

穿越八十年的历史风尘，在今天的重庆市档案馆中，1944年正读高一的南开中学生们所写的"自传"陈列其间。当时在高一一组（即高一一班）就读的杨士莪在《自传》中写道：

抗战八年，日寇占领我国的土地度有一半，而富饶之区又全沦敌手，我们要使这大病未愈的中国能奋起而驱逐日寇于国境之外。虽说现在受盟友的帮助能在腾冲、缅北进行攻势，但自力还未必能如此，其最艰苦的工作尤甚于此，故我们要使中国能富强，而成为四强之一，只有努力

地预备负起未来的艰巨的建国工作。[①]

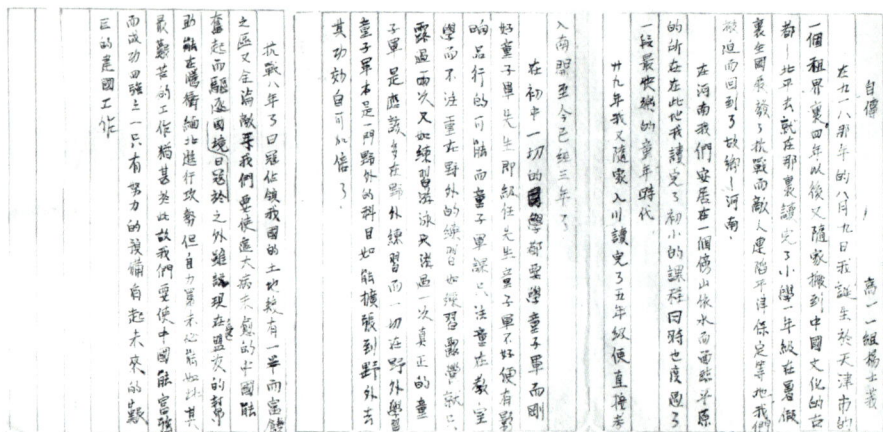

■ 杨士莪在高一就读时所写《自传》影印件

　　1945年8月15日，日本宣布无条件投降。"中央电台"当即中断其他广播，以不同波长反复播送这条震撼人心的新闻。各报赶印号外，沿街散发，被市民一抢而空。久已沉寂的汽笛突然响彻全城，四面八方的防空探照灯齐把光束投射到城市上空，交织成光网。到处锣鼓喧天，鞭炮震耳，欢声雷动。不分男女老少，无论本乡外乡，数十万人涌上街头，举行庆祝抗日战争胜利的火炬游行，欢庆到泪流难禁，欢呼至声嘶力竭。

　　1946年初夏，实验班的同学还有一年毕业，但很多同学因抗战胜利要随父母转回家乡。即将离开重庆的杨士莪与同学们纷纷交换照片留念，并在摄影社购买校景照片，回家后精心地将其贴到相册上，作为自己在校期间美好时光的记录。多年后，每当他闲暇翻阅相册时，

-----

① 重庆市档案馆，档号：01420002000890000001。

看着照片上清一色的光头，耳边似乎仍然回荡着当年课间休息时同学们在走廊墙边玩"挤油渣"时的欢笑声，心中无限感慨。

五年的南开教育，让杨士莪在其后的人生道路上时时驻足回望，始终让他有一种精神归属感。人生理想从这里起步，知识基础在这里奠定，精神气质在这里形成，他的少年在这里励志成长。一些中国人为了国富民强的理想，用办教育的方式护佑中国未来发展的火种，去努力实现这个理想，而"杨士莪们"在抗战最艰辛的几年中，有幸成为这个大理想中的小环节。在日寇铁蹄下，杨士莪在他一生成长中的重要时刻，能在山城一角相对平静地接受了完整而严格的中学教育，那是在既定历史条件下所能提供的最好的教育，这是他人生的又一幸运。

因为有着亲身经历的国仇家恨，他在其后重要人生岔路口的选择中，都以国家需要作为人生选择的第一考虑要素。例如1950年即将大学毕业的杨士莪，在得知百废待兴的新中国海军建设白手起家，大连海军学校在初创阶段急需人才时，考虑到在建设新中国和抗美援朝的背景下，参与海军建设既可偿自己励志报国的夙愿，又能在国家建设的大战场上，找到一个适合自己并能胜任的岗位，于是与班里其他五名同学一起报名参军，提前告别了学生时代。从大学的专业选择、毕业后的职业选择再到工作岗位上的转行、科研方向的选择等等，杨士莪始终将个人选择与国家需要紧密结合，在一次次"被选择"中，他的人生因国家形势的变化与国家需要的召唤而改变，但其首先满足国家需要的价值取向始终如一，从未改变。

启示三

选择能够一生乐业的专业

　　杨士莪的经历表明，选择专业如能综合考虑个人兴趣、现实生活、国家和时代发展需要等因素，更能一生乐业敬业。

　　他将一生的选择和国家需要相连，把自己毕生精力投入到水声事业中，抓住时代机遇努力作为，终有所成。

作者手记：

　　杨士莪的经历表明，选择专业如能综合考虑个人兴趣、现实生活、国家和时代发展需要等因素，更能一生乐业敬业。他将国家的重大需求与自身的专业、个人所长紧密结合，坚韧不拔、努力成长，终成筑牢"国家实力"的可靠基石。人们生活中的每一步都充满了选择，也蕴含着机遇。在荏苒的时光中，从一名普通的科研工作者到成为中国科技事业的一块坚强基石，需要内外因相互激发的化学反应。个人克服重重困难，完成能力与悟性、责任心、使命感的"三级跳"时，方才具备服务国家需要之能的"内因"；而当其所从事的领域与国家需要同频共振时，方能激发更大潜力，将自身价值最大化，国家与社会的需要构成了科研工作者成长的"外因"。"内因"靠自身定力，"外因"靠时代机遇。作为中国水声事业发展的亲历者和见证者，杨士莪处在一个中国海洋事业、海军建设急需发展的年代，这是一位科学家成长进步最好的机遇。他将一生的选择和国家需要相连，把自己毕生精力投入到水声事业中，抓住时代机遇努力作为，终有所成。

1946年秋天，杨士莪结束了重庆五年的中学生活，插班到中央大学附属中学（现南京师范大学附属中学，以下简称"中大附中"）高三二班学习，准备考大学。

南京备考

南京备考对杨士莪而言是轻松的，他依然时常去玄武湖、中山陵等地游玩,那时考大学远不像如今学生备战高考时的"全民皆兵"。杨士莪今昔对比，曾感慨道：

▌1947年在中大附中求学期间的杨士莪

　　我们当时虽然是在毕业班，即将面临大学的入学考试，但各科都没有题海战术，没有一次紧接着一次的模拟考试，也用不着天天晚上开夜车。周末照样去玄武湖划船，去中山陵爬山。虽然后来对高考结果没有详细的统计，但印象中当年的同学大部分都考入了不同的大学，并且其中有相当的比例是考入中央大学、北京大学、清华大学等名牌学校。多数大学考试时出的题目也很人性化，平时的知识学会了，考前一般不必临时抱佛脚。我们甚至还认为，明天要考试，今天拼命去备考，那是没出息。我们

那时候，不像现在学生这样苦。①

▌在南京备考期间的杨士莪

半个多世纪后，杨士莪曾在《我经历的母校教育》一文中反思自己的整个中学时代：

学校教育的质量，关键在于教育的指导思想和校长、教师的水平。而各学校教育工作质量的高低，自有其历届毕业生在社会上的平均表现，作为客观的评价标准。何况中学时代正是青少年逐步自觉地观察和开始形成人生追求理念的时期，中学教育更应是对学生进行较全面的行为道德和基础文化教育。现在有的地方单纯以升学率来考核学校与教师的业绩，并直接与教师们的待遇挂钩，只能说是有关教育管理部门本身无能的表现；还有各种补课收费

---

① 杨士莪：《我经历的母校教育》，载南京师范大学附属中学编《南京师范大学附属中学》，南京师范大学出版社，2007，第283页。

的乱象，使我们不得不疑问——我们的中学教育到底怎么了？另外，我对于今天的中学教育也还有其他一些不理解的地方。例如历史和地理课程内容被大量削减。一个人不了解自己的祖先，不了解自己的乡土，那么爱国主义岂不成了无根的空谈。自然科学只能给人以知识，社会科学才能教人以智慧，如果我们培养的孩子都成了书呆子，那如何能适应国际风云的变幻，为祖国的繁荣昌盛而奋斗？[1]

专 业 选 择

杨士莪在报考大学时，面临着人生的第一次选择。父母希望他考中央大学，就在南京家门口，但杨士莪向往上大学可以远行独立，过不在父母眼皮底下的自由生活，因而选了清华大学。

清华大学入学考试分为语文、数学、理化、英语四门，入学考试的题目没有"标准答案"，也不出偏题怪题难为考生。让杨士莪印象深刻的是英语考试的一道翻译题，摘取国外记者关于西藏的一篇游记报道，让考生翻译成中文，但"Tibet"（西藏）这个关键词杨士莪并不认识，他灵机一动，索性按照音译翻译成了"梯必山"。每每想起此事，他仍不免为当时的"机灵"发笑。对没有"标准答案"的试题，杨士莪很是赞同：

我想还是应该没有"标准"，包括自然科学，我认为

---

[1] 杨士莪：《我经历的母校教育》，载南京师范大学附属中学编《南京师范大学附属中学》，南京师范大学出版社，2007，第283页。

也不需要有个标准，如果大家都按同一个思路去想，同一个说法去解释，怎么超越前人？科学怎么进步？

至于专业，父亲当年选择专业的经历成了杨士莪最好的借鉴。杨廷宝曾说：

> 我最喜爱美术，但是学习美术的费用较高，并且将来靠这个专业吃饭挺难，建筑学是应用科学和应用美术的结合，涉及雕刻、绘画等多种知识，能满足我多方面的兴趣，那就最适合自己了，因此选择了建筑专业。[①]

父亲的经历告诉杨士莪，选择专业如能综合考虑个人兴趣、现实生活、国家需要等诸多因素，更能一生乐业。杨士莪虽然最喜欢数学，却最终选择了物理，这是他结合实际情况的理性选择。他认为，数学是一门抽象的学科，作为专业怕就业面太窄，而物理则介于工程和纯学术之间，更有实用性，未来发展的前景更加广阔，所以做了一个折中的选择。

同时，之所以选择物理也是因为与中学时期的好友周光召的建议和影响有关。早在重庆上高中时，同学之间就时常讨论未来报志愿的话题。杨士莪的好友周光召本想学工程，觉得工程技术更有实用性，将来也更容易找到工作；杨士莪本想学数学，这本是他的强项。但1945年原子弹爆炸的冲击波，震撼了中国许多年轻人的心，正上高二的周光召与陈远（后改名陈砾，新中国成立后曾任《中国

[①] 秦俊：《为国争光的一代建筑宗师杨廷宝》，载杨廷宝《八十忆往》，未刊稿，第19页。

日报》总编辑）一起讨论这事。陈远是一个思想非常活跃的学生，看到一颗仅五吨重的原子弹却有如此难以想象的威力，认识到物理学科的重要性。他对周光召说，"去学物理吧，我们国家需要这样的人才。"周光召因为好朋友的一席话，立志改学物理，并动员杨士莪、陈遂一同报考，几个青年热血澎湃，后来都成功考取清华大学物理系，再度同窗。周光召后来成为我国著名理论物理、粒子物理学家，其"粒子自旋的螺旋态理论"，推进了相对性粒子反应理论发展，并在中国第一颗原子弹、氢弹和战略核武器的研究设计方面做出了突出贡献。1980年，周光召当选为中国科学院学部委员，后任中国科学院院长，获"两弹一星"功勋奖章，并先后被11个国家和地区的科学院选为外籍院士，此是后话。

　　杨士莪、周光召等同学选择专业及未来发展方向的经历，也体现了中国的一句老话：时势造英雄，英雄造时势。如果把近代世界高科技领域最有影响力的成果列举出来，考察一下它们的起源，可以发现它们都与近代物理学的发展紧密相连。20世纪的四项重大高科技发明——原子能、半导体、计算机和激光，无不立足于近代物理学。在国家需要的大势下，有才智与担当的人勇立潮头，才会借时代大潮的力量一路向前；生逢其时是一种机遇，但是能抓住这种机遇者却很少，杨士莪等一批科学家被时势打造成我国科教领域的"英雄"，有其必然性——成长经历、所受教育，使他们始终胸怀强国理想，将国家的重大需求与自身的专业、个人所长紧密结合，胸怀学术自信与创新胆魄，坚韧不拔、努力成长，终成筑牢国家实力的一块块可靠基石。

　　历史证明，只有科技走在前面，国家才会走在前面。任何时候，都会存在个人努力与时代需要之间的矛盾与统一。只有在整个

时代获得发展的大前提下，个人的充分发展才更具备条件与可能。而在可能选择的条件下，专业的选择要尽量与国家需要、时代发展、个人能力和兴趣紧密结合。杨士莪曾戏说："我也没有什么本事，就是能做些教学科研，那就老老实实地做好吧。"在笑谈中，他展示了一种专业与事业和谐发展的理想状态，既满足了个人兴趣，发挥了个人能力，又在与国家和时代同行中最大化地实现了自身价值。同时，他的经历也再次表明，敬业的美好境界是乐业，乐在其中，水到渠成。

对于杨士莪等子女的专业选择，父母都是顺其自然的态度，较少干涉，并不为孩子们设计前程。杨廷宝在中央大学、南京工学院建筑系从教四十余年，培养了一大批建筑设计精英，但其五个子女中，只有最小的儿子杨士萱学习建筑，考的是清华大学建筑系。杨士莪大姐杨士英本想学建筑，但因几分之差考入南京大学化学系，杨廷宝淡然处之，觉得学习化学也不错。杨廷宝常对孩子们说："等你们长大了，就像小鸟长大了似的，翅膀扑棱扑棱地都四处飞去了，能飞多高多远，还要靠你们自己的努力。"

这样的想法对杨士莪影响很大，多年后，他教育自己的孩子时也传承了父亲的开明，鼓励孩子顺其自然、自食其力，并不为他们的人生设计路径，他总觉得：

> 把孩子搁在自己胳肢窝下能长大吗？就得放出去让他们自己去拼搏，这样才能有所发展，有所成就。如果孩子的实力是做个木匠，那就让他好好做木匠，不必要求别的。至于孩子的发展方向，不必子承父业，要看他自己的选择，就像我自己，并没有继承我父亲的事业，我的孩子

也不必继承我的，这是很自然的。

成贤小筑

▌杨士莪在南京"成贤小筑"中与爷爷合影（摄于1948年）

▌杨士莪（居中站立者）与姐弟在家中合影

　　1946年9月，陈法青带领其他三个子女从重庆历时11天，抵达南京。抵宁初期，一家人蜗居在中央大学不到20平方米的宿舍中，拥挤不堪。不久后，杨家购买了位于中央大学东侧成贤街104号的地块。杨廷宝为了节省开支，直接在原先老宅的基础上，因陋就简、亲自设计，仅耗时两个多月就建起了一幢二层小楼。红色平瓦屋顶，米色灰粉外墙，小庭院里三棵百年老树葱茏苍翠，院内遍植玉兰、蜡梅、桂花、蔷薇，生机勃勃，杨廷宝将这小院命名为"成贤小筑"。整个庭院朴实无华，布局简约紧凑，因地制宜的设计尽显

大气。这正是这位建筑大师一生建筑理念的缩影：简洁明朗、朴素实用；既勇于探索创新，又注重因地制宜、经济美观。室内书香，屋外花香。杨廷宝之所以对这个简朴实用、自成一体的小庭院"敝帚自珍"，是因为"成贤小筑"正是他理想人格的一种外在体现，作为一名典型的知识分子，他一生质朴谨慎、清静自守、自有追求，而父亲的这种价值追求在无形中给杨士莪带来了潜移默化的影响，成为他恬然淡泊、平和达观的性格基因。

▌ "成贤小筑"

自杨廷宝1927年学成归国至"成贤小筑"落成，20年间，为别人设计了一幢又一幢楼宇的建筑设计巨匠，终于有了一处自己的房子。喜迁新居，杨士莪姐弟高兴得不得了，而对于颠沛流离了十几年的杨氏夫妇来说，更重要的是一家人总算平安团聚，他们太渴望能过上安定的日子了。

1946年夏，全面内战爆发后，杨鹤汀从南阳来到南京，与子孙同住。1947年前后，杨家多喜临门——漂泊多年终于喜安新居，几个孩子先后金榜题名。杨鹤汀在欣喜安慰之余，挥就一首《满江红·群孙》，以示对群孙的勉励：

> 离乡别井，乘西风，直驱南京。喜新宅，满院青翠，群孙笑迎。
>
> 数年不见都长大，各个向前知竞争。问谁升大学，谁高等，话不停。
>
> 化学系，杨士英。杨士华，学农耕。考清华物理，士莪列名。士芹高三快毕业，士萱亦是高中生。为将来，给社会服务，学要成！

此后几十年，杨鹤汀和杨廷宝夫妇一直居住在这个简朴幽静的小庭院中，直至去世。"成贤小筑"后被列为南京市级文物保护单位。2012年，其被辟为"杨廷宝纪念馆"对外开放，百年老树依然亭亭如盖，而杨氏夫妇当年在院中种植的小树，也早已长成栋梁，愈显郁郁苍苍。

启示四

学习要抓住本质与规律

　　经过多年的学习总结，杨士莪越来越深刻地认识到：每门学问也有像人一样的一根脊椎骨，找准这根主心骨，并将其掌握，那么就掌握了这门学科的精髓，其余旁逸斜出如肋骨之类的内容自是手到擒来，无论是学习活动、科研工作还是教学工作，都是透过渐欲迷人眼的"乱花"去抓住事物的本质和规律，去逐渐接近事物的本质和规律。

作者手记:

韩愈在《进学解》中说道:"记事者必提其要,纂言者必钩其玄。"这句话的意思是指记载事物一定要提出它的纲要,编纂言论一定要探索它的精微。写文章如此,治学的方法和态度同样如此。一名杰出的科学家首先要是一名卓越的学习者,因为学习方法和学习态度对于学习效果的影响至关重要,对此杨士莪有着自己特别的理解。

经过多年的学习总结,杨士莪越来越深刻地认识到:每门学问也有像人一样的一根脊椎骨,找准这根主心骨,并将其掌握,那么就掌握了这门学科的精髓,其余旁逸斜出如肋骨之类的内容自是手到擒来,无论是学习活动、科研工作还是教学工作,都是透过渐欲迷人眼的"乱花"去抓住事物的本质和规律,去逐渐接近事物的本质和规律。杨士莪转益多师的过程中,也由此站在"巨人"的肩膀上具有了更加开阔的视野、更加活跃的思维、更加有效的方法,这些从师长身上学到的学习方法和治学态度,对他后来的成长发挥了至关重要的作用。得遇大师点拨并能有所领悟和升华,的确是杨士莪成长之路的一大幸事。

影响深远的通才教育

杨士莪在清华大学接受了对他影响深远的"通才教育"——先有宽博的素质，以此为基础突显专门，这种"通才教育"的办学理念，强调基础教育的厚实，重视基础理论课程、基本概念与科学思维，提倡培养基础科学扎实、知识面广博，综合适应能力较强的人才。学校实行学分制与选课制相结合的课程体制。各学院学生四年中必须修满一百三十余个学分，包括必修课五十余个学分和选修课八十余个学分。选修课没有院系限制，学生可随意选课。这给了学生很大的自主权，为其自由发展提供了广阔的天地。学校规定，一年级新生除学习本系规定的必修课之外，无论哪个学院都必须选修国文、英文和中国通史，理工科学生必须选修一门社会科学概论，文法科学生必须选修一门自然科学概论。选修与必修课程尽量文理渗透，以使学生兼受科学精神和人文精神熏陶，基础宽厚，思维开阔，可触类旁通，有利于深造。

杨士莪留作纪念的清华大学校景（清华园门）照片

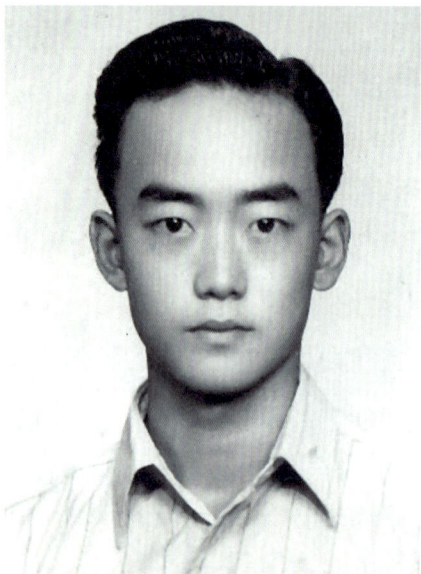

在清华大学读书时的杨士莪

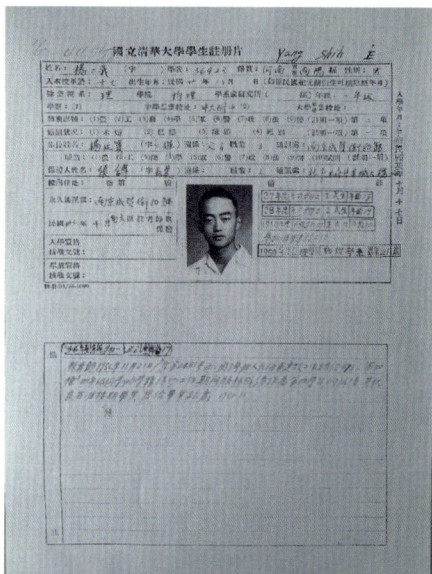

杨士莪在清华大学的学生注册卡

对于必修的专业基础课或通识课，一般由教学经验丰富的知名教授来讲授，青年教师一般只能开专题式选修课。特别是一个学科的概论课，往往涉及的范围广、内容多、系统性强，需要深入浅出地讲解，以使学生对所学专业有宏观认识，迅速而准确地明确发展方向和目标，如果不是学识渊博、经验丰富的教授则难以驾驭。有时一门相同的课程，由两三个教师担任，各讲各的，各有特色，像"唱对台戏"一样，起着互相促进的作用。

杨士莪跃入烟波浩渺的知识海洋，除了物理系的课程外，因为对数学"痴心不改"，他选修了数学系实变函数等课程；为了在实践中增强动手能力，他选修了化学系的分析化学，做了很多定性分析和定量分析实验；为了增加交叉学科的知识，他选修了化工系的物理化学等课程，这些课程为他打牢了坚实的理工基础；对历史颇感兴趣的他也选修过明史；曾作为世界科学中心的德国科技发达，他选修德语作为第二外语，以期掌握语言工具追踪最新科学发展走向。

据杨士莪回忆，那时的清华有三难：进校门难、读学分难、出校门难。物理系更是如此，强调"重质不重量"，以要求严格闻名。从入学到毕业，物理系淘汰率一般在50%以上，个别年份竟高达80%。学生报考大学时考取了物理系，只能算是"准物理系"学生，只有当大一期末测试时，数学和物理都在75分以上的学生，方有资格真正进入该系学习。其余不合格者，可在其他院系中"任选"专业继续学习，因而物理系对学生的选择是优中选优，也比其他院系更为强调学生的"天赋"。

按照惯例，大一上学期有一次难度较大的"普通物理"测试，班上如有三分之一以上学生及格，这次考试就算失败，旨在给新生一个下马威，督促并告诫学生知耻后勇，学海无涯。在那次考试中，杨士莪也未及格，这让他对未来学习不敢掉以轻心。

由于物理系的严格要求，使得杨士莪对学业不敢松懈，顺利通过大一的期末考试，正式成为物理系的一员。而与杨士莪一同入系的五十余人中，大一之后，即有20%多的学生转入其他院系。到毕业时，全班只剩下二十余人，由此可见择生标准和淘汰制度的严格。

"通才教育"的传统和理念，以及"通才"教师们更广阔的视野、更全面的知识为物理系学子拓宽未来涉足的科学技术领域，甚至开拓很多高新技术领域起到了非常积极的作用。杨士莪后来初登杏坛时，根据工作需要，多次改变讲授的课程及专业，多门课程此前并未接触，他都能够从头开始、从容转换。他后来被派往苏联进修，回国后利用所学，参与建设中国的水声科学研究事业，创建我国第一个理工结合的综合性水声工程专业，在科研上做出诸多从无到有的开创性工作，都可追根溯源，找到"通才教育"在他身上打

下的深刻烙印。他认为，科学发展的规律是各学科既高度分化又相互渗透融合，只有具备多方面的专业知识和技能，又深谙社会科学人文精神，才能更加适应科学发展的客观需要，也才能开拓新的研究领域，获取新的研究成果。

学校倡导思想自由、学术自由。对于大学生活，令杨士莪印象深刻的就是自由。学校鼓励师生对问题有独立的看法，得出自由的见解，鼓励学生自学。在这样的氛围中，师生们在学术上自由探讨的风气非常盛行。学生具有很大的独立性和自主性，必修课是否亲临课堂，选修什么课，参加什么社会活动，站在什么政治立场，悉听尊便，彼此并没有很大的思想或政治上的隔膜。

在当时条件最好的知识殿堂里，有太多东西使杨士莪想要一探究竟。图书馆、实验室、科学知识对他有着巨大的吸引力，他甚至一度决定再延迟毕业一年，以便能选修更多课程，聆听更多名师教诲。这个想法终因国家局势与政治形势的变化未能实现。

杨士莪求学期间，清华大学理学院尤其是物理系，教师阵容盛极一时。"中国物理学的栋梁泰斗半出清华"，名师荟萃，生源一流，是不少青年学生的向往之地，在他们中流传着这样的话："全国清华第一，清华理学院第一，理学院物理系第一。"被称为清华"四大哲人"中的梅贻琦、叶企孙都出自物理系，都先后担任过物理系教授、系主任。杨士莪幸得群师指点，亲身受教于中国科学教育事业的先驱性人物叶企孙、周培源[①]、王竹溪、葛庭燧、钱三强、余瑞璜、彭桓武、闵嗣鹤等诸多名师。

---

① 周培源（1902—1993），中国近代力学和理论物理的奠基人之一，曾师从海森堡、沃尔夫冈·泡利和爱因斯坦。其主要研究方向，一是广义相对论中的引力论与宇宙论，二是流体力学湍流理论。他是中国现代理论物理量子力学和相对论的开拓者。

恩师周培源的点拨

在系里，因为好人缘和不错的成绩，杨士莪先后被同学们推选为周培源"理论力学"，叶企孙"物性学"，葛庭燧、余瑞璜"光学"等几门主干专业课程的课代表，有更多机会亲聆名师教诲，尤其是得以近距离受教于令他终生感念的第二位恩师——周培源教授，他为杨士莪的学术成长打开了全新的思路，并使杨士莪初步掌握了科学的学术研究方法和思维方式。

周培源一生追求"独立思考，实事求是，锲而不舍，以勤补拙"。在恩师的言传身教下，杨士莪看到了一名科学家应该具有的品质和担当，使他在踏上科研道路伊始，就站在更高的起点上。理论力学主要研究物体机械运动的基本规律,是一门相对抽象、艰深的学科。杨士莪记得，周培源在"理论力学"的第一课上，讲的是"牛顿力学"。对于杨士莪等学生们而言，牛顿力学早已不是什么新鲜概念，不知周培源教授会讲出什么新内容。

只听周培源娓娓道来："大家都熟知牛顿力学三大定律。然而为什么牛顿力学要表述为三大定律，譬如说，牛顿力学可不可以由两大定律来概括？牛顿第一定律的要旨，是所谓'在没有外力作用下，物体将保持匀速直线运动'。牛顿第二定律的要旨，是说'物体运动的加速度和外力成正比，亦即$F=ma$'。那么在外力F等于零的条件下，就有$a=dv/dt=0$，因而就有$v=0$或某一常数矢量。那么可不可以说，牛顿第一定律只是牛顿第二定律的特殊情况,牛顿三大定律可以归结为两大定律呢？"

虽然杨士莪等学生们早在中学就学过了牛顿力学，却从未这样思考过。接着周培源解释牛顿第二定律中所表示的$F=ma$是在绝对坐标里才具有的形式，而牛顿第一定律就定义了绝对坐标。他缓缓地总结："牛顿力学并不是孤立的、没有内在联系的三大定律，一切物理理论都有它的内在逻辑。"

这一课将杨士莪们带到一个物理学的全新境界，正是这一课，激发起杨士莪对理论物理学的浓厚兴趣。

周培源上课时言简意赅、分析透彻，他教学生做学问时如何把复杂问题简单化。他将所遇问题提纲挈领地精炼到牛顿力学定律，就像庖丁解牛一样，将一个问题最关键的两根筋抽出来。杨士莪每每回忆起周培源的课堂仍觉历历在目且津津有味：一个力学问题，周教授往往在分析物体受力情况后，列出 $\sum F=ma$ 的方程并解微分方程，然后从物理问题转向数学问题，解完微分方程后，再从物理角度解释方程结果。一本厚厚的理论力学的教材，最后的精髓就变成了牛顿三大定律。

要使受业者得到醍醐灌顶的启发与认识，不但要求授课者对课程内容融会贯通，而且要对讲授内容具有高屋建瓴的整体把握和高超的教学技巧。在周培源的课堂上，杨士莪领会到课程不是越讲越庞杂，而是越讲越精练，越讲越接近本质和规律。

后来，杨士莪也有类似的经历，更加深化了他对学习方法的领悟。那是1957年，杨士莪到苏联科学院声学研究所进修，有一次，他听到苏联科学院声学研究所首任所长布列霍夫斯基向所内人员介绍一本外国新出版的水声书籍时说："这本书写得简洁、完整，很人性化，我认为要掌握一个新领域的知识，不是要找一本该领域内容最完整的大部头著作去看，而是先找该领域一本简练、权威的书籍阅读，建立起对这门学科知识的骨架，然后再在工作实践中逐步丰富和深化了解。通过这样一本小册子，你在短时间内就能明白这门学科的总体架构，你先建立对这门学科的一个总体概念，相当于把知识的骨架搭上，将来用到哪，再去深入翻阅相关书籍。当人们建立起对一门学科知识的骨架后，对这一学科的其他专著不必再一本本地从头读到尾，而可以仅在需要时去查阅有关章节，这将能极大地节约精力和时间。"

杨士莪如醍醐灌顶，大受启发，他想起了在清华大学时，周培源教授曾说过——要抓住理论力学的本质和关键，一本厚厚的理论力学教材最后的精髓就变成了"牛顿三大定律"。布列霍夫斯基是从入门说起，周培源是从结果说起，但两人说的却是一回事，真有异曲同工之妙！在他后来的工作和学习中，越发体会到布列霍夫斯基所说的这种学习方法的精妙之处——每门学问也有像人一样的一根脊椎骨，找准这根主心骨，并将其掌握，那么就掌握了这门学科的精髓，其余旁逸斜出如肋骨之类的内容自是手到擒来，反过来则是舍本逐末。

在苏联学习期间，杨士莪依照布列霍夫斯基对他进修的安排，首先认真阅读了《分层介质的波》，然后开始阅读该所有关的研究报告,和科技期刊上发表的一些论文,并试图选择合适的题目进行解算与分析，建立了自己对水声传播问题的基础了解。

多年后，在哈尔滨工程大学水声工程学院"振动和声学基础"的课堂上，杨士莪结合自己学习和工作的亲身经历，曾对学生们说：

> 不少学习声学的同学，常常认为声学基础比较难学。可是实际上声学基础的基本关系式不外乎一个是波动方程式，另一个是由有源波动方程式借助格林公式所导出的克希霍夫公式而已。

波动方程式的定解，需要借助于各有关的边界条件和初始条件，这恰好表明实际情况下的声场分布和声源情况以及声源周围介质分布情况有关。声源周边的任何介质情况变化，都会引起声波的散射和折射，从而引起声场分布情况的变化。

苏联学者布列霍夫斯基院士在介绍他的学习经验时曾经说过，要学习一门新的学科，开始时最好选择阅读一本该学科书写精练简洁的小薄本，建立对该学科脉络的整体概念，然后再根据需要，选择阅读该学科有关的章节。正如学英语不必背诵牛津大辞典一样，学科学不能够选用百科全书做教本。学习就应该像盖楼房一样，先搭框架再逐步进行装修。

学习比较困难的同学往往会感觉一门课的内容太多、太杂乱，难以把握和牢记；而学习比较轻松的同学则会感觉课程内容脉络清晰，关键内容简洁、系统。实际上所有的理工类课程，其最基本的定理、定义和最原始的公式都非常有限。数学家认为，数学的各个分支都不过是从有限的若干公理和定义出发，逐步推演所形成。大量的各类数学公式，没有人能够全部记牢，因为有各类实用的数学表册，所以也没有必要去统统记牢，只要熟练数学的推导运算，不难求解所需分析的问题。而熟练数学的推导运算，则需要经过自身的不断训练，别人是无能为力的。物理学家认为：理论力学的基础不过是牛顿三定律，热力学的基础不过是热力学第一和第二定律，电动力学是马克斯韦尔公式，量子力学是薛定谔方程式……但任何具体问题的解只适用于该问题本身，更重要的是要能通过对基本公式的理解，掌握相应的基本物理概念，习惯于结合日常工作与生活，经常向自己提出"为什么"的问题，并且利用对物理规律的理解，来回答这个"为什么"。[1]

杨士莪也将当年周培源对自己最大的启发与水声专业的学生们分享：学一门课，开始好像是越学知识越多，但是需要把这些知识拢出骨骼脉络，抓住它的核心。只要掌握了这门课程最精髓的骨架，那么其他东西只是在此基础上的附属物而已，就容易多了。

在理论力学课月考的试卷上，周培源出了这样一道题：如果有两辆火车的距离是d，并以V_1和V_2的速度对向而驶，在火车间有一鸽子以V_3的速率飞行其间，亦即当这一鸽子以V_3的速率遇到火车1时，立即调头转飞向火车2，如此反复，当火车间距离由d减到零时，试问这一鸽子共飞行了多少距离？

这道题貌似简单，即鸽子的总飞行距离$S=V_3 / (V_1+V_2) \times d$。如果学生陷入追踪鸽子飞行的轨迹，就会去求出某一级数和，这在短时间内难以算出。但如果看到火车距离由d到零的总时间是$d/(V_1+V_2)$，而鸽子是以V_3的速度飞行其间，鸽子飞行的距离即为$V_3 \times d/ (V_1+V_2)$，问题就迎刃而解。

这样的试题给学生们留下了深刻印象，它考查的就是学生对物理本质和规律的认识，是对学生思维方式的训练。

理论力学相对抽象，曾有学生说"听讲明白，做题不会"。周培源说："题做多了自然就会了。而且做题好比打猎，要自己打。"鼓

---

① 杨士莪：《杨士莪访谈》，笔者根据讲课内容整理，2015年4月。

63

励学生培养独立钻研精神和自学能力。而自学能力的培养对于一名科研工作者而言，至关重要。后来，杨士莪也常对自己的学生说：

今天再好的老师给你讲的也只能是今天的东西，以后十年、二十年的科技发展情况，今天的教授肯定教不了你。今后怎么办？那就要靠自己，有意识地培养自学能力对你们的成长大有裨益，因为有自学能力今后你就能跟上甚至领先时代发展及科研走向，没有自学能力你就要掉队。

受教叶企孙

杨士莪大三学习课程"物性学"时受教于叶企孙①教授。通过叶企孙教授，杨士莪对"概念的力量"有了更加深刻的认识，对物理规律有了更加深刻的理解。

杨士莪对叶企孙讲授的"物性学"印象深刻，他认为叶企孙教授的课堂内容广泛涉及引力常数的测量、物质的弹性、物质的磁性和气体分子运动论等，每部分都只介绍一两个关键实验，借以引进有关的基本物理常数，然后推荐相关名著供学生自学。他的课善于理论联系实际，富于启发性，引导学生透过现象追寻物理本质。

在一次课堂上，叶企孙教授讲起了一个毕业生的经历。某生毕业后被分配到"中央研究院"某研究所工作，所长与其第一次见

---

① 叶企孙（1898—1977），中国物理学界的"一代宗师"。曾师从诺贝尔物理学奖获得者布里奇曼。他用 X 射线短波极限法精确测定基本作用量子 h 值，被国际科学界沿用 16 年之久。中国 23 位"两弹一星"功勋奖章获得者中，有半数以上是他的学生。

面，寒暄后就用一块草纸板随意剪了一个不规则形状，交给这个学生时说："你帮我找找它的重心在哪？"学生拿着草纸板回去，认真地在纸板上画好一个个小方格，然后去算每一小方格的重心在哪，之后再积分，耗时许久，终于算出了重心的位置，去找所长交差。只见所长很简单地将草纸板一提溜，重心在一条垂线上，然后换个九十度的方向再一提溜，重心就在另一条垂线上，两条垂线的交点就是草纸板的重心，问题轻松解决。叶企孙通过该学生的经历告诉大家物理概念的重要意义。

随后，叶企孙给大家出了道考试题——计算一个半球的水平引力。如果没有掌握物理的核心概念，可能会将半球划分为很多小块，算出每个小块所受力，之后再积分；而换一种思维方式，整个球体的引力大小唾手可得，将其除以2，则半球的水平引力跃然纸上。

四两拨千斤，这就是物理概念的力量。这堂课给杨士莪留下了极其深刻的印象，多年后，课堂场景仍历历在目，因为他从叶企孙处学到了学知识、搞科研的核心方法——依靠物理概念的力量解决问题。

杨士莪常到数学系"蹭课"，尤其是闵嗣鹤[①]教授讲授的"高等微积分"和"实变函数"，作为来自物理系的"铁杆粉丝"，他每堂课都必到。杨士莪仍记得，在第一堂"高等微积分"上，闵嗣鹤从Dedekind分割理论讲起，从什么叫"1"，什么叫"2"，什么叫"1+1=2"的数论基础侃侃而谈。随着学习的深入，杨士莪越发觉得很多物理学问题的研究需要借助数学工具的定量分析。数学的严

[①] 闵嗣鹤（1913—1973），中国近代数学，特别是数论研究的开拓者和奠基人之一。正是在其悉心指导下，陈景润的"哥德巴赫猜想"（1+2）得以轰动国际数学界。

谨特点告诉杨士莪——即使对于一个$A>1$的问题，也并不能随便说$A>1$，在什么条件下$A>1$，在什么条件下可能$A<1$，必须有严格的论证证明。这对训练杨士莪严谨的逻辑思维非常有价值。

闵嗣鹤的严谨也给杨士莪留下了深刻印象。杨士莪将认真完成的作业信心满满地交上去，但发下来的作业本上，老师批改的红色字迹与杨士莪做题时密密麻麻的蓝色字迹篇幅相当。期末考试，闵嗣鹤出了五道题，数学系本系的大部分同学做出不到两道，杨士莪与高伯龙两人合作做出了三道多，闵嗣鹤"慷慨"地给了二人98分，其中鼓励与赞赏的成分自不待言。

大四做毕业设计时，杨士莪跟随余瑞璜[①]教授做X射线管的相关课题。杨士莪从学吹玻璃开始做起，从挑料、滚匀、吹制直到冷却成型，按部就班、一丝不苟。除了图书馆，杨士莪的很多时间也是在声、光、热、电等物理实验设备较齐全的科学馆中度过的。物理系认为工程技术人才的培养离不开实验条件，没有高水平的实验室，就培养不出高水平的人才，就出不了高水平的科研成果，因而非常重视实验物理。课程设置注重解决问题及实验工作，系里规定所修实验科学的学分，不得少于理论课的二分之一，并为学生提供了国内一流的实验条件。当时理学院有实验室26个，物理系的普通物理、热学、光学、电学、磁性等研究室大都是用当时最先进的仪器所装备，是国内先进的物理教学和实验基地之一。

较多的亲身实践机会，锻炼了杨士莪解决具体问题的能力，一直以来对数学的偏爱和擅长，使他擅长理论分析，在清华大学，他

---

① 余瑞璜（1906—1997），X光晶体学家、金属物理学家，曾研制出中国第一台盖革计数器、第一支医用封闭式X射线管等。

将两个优势集于一身。

父亲杨廷宝的教诲

杨廷宝曾跟杨士莪讲过当年他去北京修缮古建筑时，因为此前没做过木结构的古建筑，他就把老师傅们都请去吃涮羊肉，向老师傅们虚心请教的经历。这使杨士莪认识到，"虚心求教"绝不是停留在嘴上，而是发自心底的谦和与对知识和智慧的敬畏。

杨廷宝常说，除了广泛地学习书本知识外，还要向生活学习，培养自己对周围事物的观察力。他随身带三件宝：笔、小本、钢尺，走到哪，画到哪，量到哪，记到哪。他几十年积累的"画日记"有数百册，现在已经成为其宝贵的学术遗产之一。

杨廷宝读书期间还有一个学习方法：对老师布置的设计图作业格外认真，认为这是自己最好的学习机会，常常刚画完一张，有了新主意，就再画上一张，有时还在原来的图上再添加一些新元素，不知不觉就画了若干张。等老师讲完课，他马上拿出自己的几个设计方案，请老师点评，倾听老师的意见。老师也对他的设计作业点评得最认真、最仔细。在老师讲评其他学生的设计图时，他还会在一旁认真倾听并吸收其中优秀的部分，对于那些失败的教训牢记在心。这样一节课，杨廷宝等于学了别人几倍的东西。杨廷宝经常教导学生做学问要秉持的原则：一是做学始终；二是能者为师，做平民学者；三是善于总结，培养事半功倍的能力；四是刻苦学习；五是自我启迪。杨廷宝将自己的经历和心得分享和传授给杨士莪，无论是在学习方法上还是在为人处世上，父亲杨廷宝本身就是杨士莪一生中的好老师之一，他的经历和思想给杨士莪带来的潜移默化的

影响，使杨士莪不知不觉地将其内化为自己的成长财富。

梅贻琦阐述教师在学生成长中的积极作用时曾说："教授责任不尽在指导学生如何读书，如何研究学问。凡能领导学生做学问的教授，必能指导学生如何做人，因为求学与做人是两相关的。凡能真诚努力做学问的，他们做人亦必不取巧、不偷懒、不作伪，故其学问、事业终有成就。"

师长们的学习方法、学习态度及治学精神对杨士莪影响深远且助益良多。1982年3月，杨士莪在学校的校报《船工周报》上发表了一篇题为《关于教学工作的一点意见》的文章，就体现了其对学习方法与治学态度的深入思考，以及早年受到师长的诸多影响——

教育的目的在于培养全面发展的人。就智育来说，一是传授给学生一定的知识，二是教给学生治学的方法。就大学教育来说，第二个方面更为重要。俗话说："师傅领进门，修行在个人"。学生在校期间只能学到必要的基本知识，而在今后长期的工作过程中，面临着根据工作发展和科学技术进步而需不断充实和更新自身知识的长期任务。因此，能否掌握独立治学的方法，就成为关系长远的问题。

治学方法既不是生而知之，也不是只要有一定的知识量就能掌握。治学方法很重要。而这种方法是需要通过学习和锻炼，特别是有指导的锻炼才能逐步掌握。

在通常教学活动中常见到学生听课不会记笔记，不会查阅参考书，对略微灵活一点的题感到无从下手等现象，都属于没有掌握基本治学方法的表现。有的同志为知识老化而苦恼，总埋怨过去学得少，这也是由于对治学方法缺乏足够的锻炼。古往今来，许多大学问家的学历并不甚高，不能简单地仅仅归之于天才。爱因斯坦小时候还被老师认为是比较笨的学生，而三国时的杨修应当算是天赋很高的人，但终无所成就。

要培养和提高学生独立治学的能力，很重要的一点就是对学生在这方面有一定的要求，并给予一定的锻炼。不能凡是不讲的内容一概不做要求，而所有要求的内容又必须一概讲到。其实，这些要求还可以通过课堂指点、课后复习、作业选留、实验安排等多种方式来达到。同样的课程，国外大学的讲授时数、答疑工作量往往比我国少，但其课程内容和学生的学习质量，未必比我国差，其原因值得分析。

学问并不是知识的堆砌。真正学通一门课程，最后还需要做到"书越读越薄"。也就是说能掌握课程内容的核心。通过对关键概念的透彻理解和对关键定理的熟练应用，融会贯通该门课程，并善于运用解决有关实际问题。教学的重点正在于引导学生去认识这些关键所在，去透彻掌握关键概念与定理，并善于灵活应用基本规律解决各类不同问题。内容不在课堂上讲，学生不能不通过自学去掌握，去"强迫"学生进行自学能力的培养和训练。讲课的内容和教科书不完全一致，又可以启发学生的思路，促进其分析思考。实践证明，只要真正把关键概念讲透，多数学生对这种教学方法是跟得上的，也不会降低短期内的成绩，而从长远看收益必然是显著的。当然，可能有少数学生感到吃力，但教学的着眼点本来就在于大多数。

启示五

"友直友谅友多闻"的择友标准

人生乐在相知心，君有奇才我不贫。在杨士莪的成长之路上，幸运地遇到了一些志同道合的朋友，他们见贤思齐、从善如流，从彼此身上汲取优点完善自身，同时互相砥砺、互相帮扶，在彼此借鉴中也使自己具备了更大的"能力拼图"。

作者手记：

孔子说，益者三友，友直、友谅、友多闻，是指结交正直诚实的朋友、心胸宽广的朋友、博学多闻的朋友对一个人的成长大有裨益。这也成为杨士莪的交友原则。正像《战国策》中所说的"物以类聚，人以群分"，杨士莪性格随和，他的朋友虽然性格各异，但是往往能与其互相启发、互相学习，其中不少成为其一生的知己至交。

人生乐在相知心，君有奇才我不贫。在杨士莪的成长之路上，幸运地遇到了一些志同道合的朋友，他们见贤思齐、从善如流，从彼此身上汲取优点完善自身，同时互相砥砺、互相帮扶，在彼此借鉴中也使自己具备了更大的"能力拼图"。他们虽然因为工作繁忙不能经常相聚，但是"相知无远近，万里尚为邻"，他们在各自领域奋力向前，探索深耕，大多成为中国科技事业的可靠基石。志同道合的朋友是杨士莪人生路上的宝贵财富。

挚友周光召的好学

在杨士莪初高中的同班同学中，有素有"国民党的领袖文胆和总裁智囊"之称的陈布雷之子陈遂、陈远，国民政府教育部部长陈立夫长子陈泽安，数学家、时任中央大学教务长唐培经之子唐一宁、唐一平等。无论是政府要人、社会名流子弟，还是来自普通家庭的寒门学生，入学以后，衣着同，膳食同，训练同，学校形成一种与家庭相隔离的校园气氛，学生清一色的光头，睡一样臭虫横行的木板床，穿一样的灰布制服，违反校纪一样受处分，品学兼优一样受奖励。实验班教学因不分初、高中，不少同学一待就是五六年，朝夕相处自然而然地萌生出兄弟之情。杨士莪性格随和，不拘小节，与谁都能相处得来，在班级里人缘较好。

其中，周光召与杨士莪意气相投，成为从中学到大学的同窗好友，并结为终生挚友。杨士莪与周光召、陈遂一样，非常喜欢上唐秀颖老师的数学课。几个志趣相投的少年经常聚在一起，对老师交代的作业独立思考，解开一个又一个数学难题，使自身的逻辑思维能力有了很大提高。甚至如前文提到的在报大学志愿时，也有彼此的影响。周光召在陈远的建议下，动员杨士莪、陈遂一同报考物理，几个青年热血澎湃，后来都成功考取清华大学物理系，再度同窗。

在人才济济的清华园中，16岁的杨士莪是系里年纪最小的，除了师长的指导外，同学间，尤其是朝夕相处的室友间的影响，对杨士莪的个人成长非常重要，他们彼此切磋、互相砥砺、取长补短。

清华大学的宿舍四人一间，学校规定，一年级学生住善斋，二年级住平斋，三年级住明斋，四年级住新斋。大二时，杨士莪从"二院"的宿舍搬到了平斋，与周光召、陈遂和孙骆生同住一室。

▌杨士莪（右）在大学时代与陈遂（左）、周光召（中）两位好友合影

在杨士莪眼里，周光召从中学开始就是个学习很用功、很"规矩"的学生，到大学依旧如此。杨士莪曾经做过一个"统计"，自己每周大概学习六十余个小时，而周光召每周要学到七十余个小时，比大多数同学多出八小时左右。杨士莪说："周光召的长处之一，就是善于观察周围的人有什么好的地方，只要能学的，都尽量去学。"这种勤奋好学的精神令杨士莪暗暗佩服，也时时督促自己见贤思齐，不甘落后。

平日学习忙碌，必修课、选修课安排紧凑，杨士莪买了一辆自行车，骑行于各教学楼、实验室与图书馆之间。周末，有时他会与周光召等人，骑行四十多分钟到北京城里逛书店。商务印书馆、龙门书店、中华书局等出版的书籍琳琅满目，令人大开眼界。有时他

们也能在旧书堆里翻出喜爱的书来，如获至宝。杨士莪也因此认识
到——知识和思想并不单纯是在学校上课得来的。

▌自行车是杨士莪在大学期间的亲密伙伴

　　因为需要的书多，一个人的财力又有限，周光召便与杨士莪商
量"合资"买书，既能满足读书需要，又可增加购书量，这些书成
为了二人的共同财产。杨士莪爱书，所以每到一地，难得有空时他
会先去逛逛书店，挑上几本好书。他家中的书房，历史、哲学、文
学等书籍包罗甚广，从地面到房顶，摆满了三面墙的书架，其中小
学、中学、大学的很多书也都保存完好。这种对书籍的珍视态度，
伴随杨士莪一生。

知己高伯龙①的启发

大三时，杨士莪的宿舍搬到了明斋，室友除了周光召外，其余两人换为高伯龙和陈志全。杨士莪与高伯龙本就相熟，两人同样偏爱数学，一起选修闵嗣鹤教授的数学课，是两个显眼的物理系"粉丝"，两人甚至还商定为了多学几门课，一起延迟毕业一年。有时两人也会一起逃课，到图书馆找来这门课的参考书自学。大三两人分到一个寝室后，朝夕相处的时间最多，高伯龙也因此成为对杨士莪影响较大的同学之一。1954年，高伯龙被中国人民解放军军事工程学院（即哈军工）选调担任物理教学工作，因缘际会下，在军工大院中再度与杨士莪同事16年。

读大学时，杨士莪依然"贪玩"。每逢周末，他或者逛逛北京城的大街小巷，或者邀约几个同学到玉泉山、颐和园等地郊游，或者参加校外社会义务教育的"识字班"活动，他爱好广泛，学钢琴、参加合唱团、下围棋、学滑冰，尤其喜欢一项竞技性很强的智力游戏——打桥牌。高伯龙大杨士莪3岁，与其说是室友，更像是兄长，他看杨士莪"贪玩"，便几乎天天"押着"杨士莪去泡图书馆。作为图书馆的常客，他们一般都有相对固定的座位，每晚坐到九点钟闭馆，然后恋恋不舍地回宿舍。

---

① 高伯龙（1928—2017），激光陀螺专家。在其带领下，中国成为继美国、法国、俄罗斯后，世界上第四个具备独立研制激光陀螺能力的国家，打破国际垄断，为中国在精确打击武器的定位、控制、精确制导等方面赶超世界强国奠定了重要基础。1954年被中国人民解放军军事工程学院选调担任物理教学工作，再度与杨士莪同事16年。1971年，在钱学森的建议下，调任长沙工学院激光研究室负责人，成功地主持研制了激光陀螺样机、全内腔绿光氦氖激光器等。1997年，当选为中国工程院院士。

　　高伯龙的自学能力很强，这让杨士莪非常佩服，也受益良多。当时大家还没学"量子力学"，高伯龙就自己抠量子力学，他并不理解量子力学中矩阵的物理意义，但他对杨士莪说："虽然我说不清楚矩阵的物理意义，但是能够通过这些矩阵的数学运算而得出某些结论。"这番话给杨士莪很大启发——可以透过复杂的数学关系去理解物理本质和规律。

　　后来，杨士莪读到美国物理学家费曼的自传，这位曾参与秘密研制原子弹项目"曼哈顿计划"的诺贝尔物理学奖得主，在还是个研究生时，有一次，原子物理的权威尼尔斯·玻尔去检查工作，工作人员向玻尔汇报，在黑板上写了一大堆公式，玻尔看后说："不对，某一段表示的物理规律，应该推出来某个结论，而你得到的结论不对，一定是中间出了问题。"

　　遥想当年高伯龙在不经意间对自己的启发，杨士莪越发认识到，物理学的数学公式只是表面，对于真正吃透这门学科的学者而言，一定要能从数学公式的表象，看到核心的物理意义和规律。

　　杨、高二人后来虽然因国家的不同需要而从事不同专业领域，但其成长路径却有颇多相似之处。特别值得一提的是，当年高伯龙由醉心理论物理研究转事应用物理研究的心路历程，他在其早年的《自述》中写道："总结前半生，认为自己爱国、正直、正派、俭朴，工作认真负责，拥护党和社会主义，为何却如此坎坷？只因为把理论物理的专业兴趣置于国家的需要之上，好比处在高山上而想学游泳，长期陷于主观和客观的矛盾之中，确有根本性的缺陷。意识到真正的爱国应该是把自己的前途与国家的利益密切结合。"[①]

---

① 杨敬东：《三湘院士科学人生自述集》，湖南科学技术出版社，2009，第225页。

而他的这段经历，与杨士莪后来转事水声，下定决心为中国水声科学事业奠基，颇为类似。两人相交的70年岁月，杨士莪扎根哈尔滨，高伯龙立足长沙，两人虽相隔数千里，但始终能够互相启发和借鉴。

一庐三院士

周光召、高伯龙、陈志全三位室友的成绩包揽系里三甲，杨士莪虽不及三者，也位居班级前列。这是个名副其实的"学霸寝室"，寝室中始终弥漫着浓厚的向学气氛。周光召一直在学校图书馆做管理员，以此强制自己广泛涉猎群书，每天早出晚归；陈志全各项能力突出、自学能力很强。几位室友后来的命运轨迹是：周光召成为理论物理学家、粒子物理学家，在中国第一颗原子弹和氢弹的理论设计中做出贡

杨士莪（前排左二）与同学们的合影

献，被授予"两弹一星"功勋奖章，1980年当选为中国科学院学部委员（后改称"院士"）；高伯龙成为理论物理学家、激光物理学家，成功研制出了具有中国自主知识产权的激光陀螺，1997年当选为中国工程院院士；杨士莪成为水声工程专家，是我国水声科学的奠基人、水下噪声学研究的开拓者和水声学术带头人之一，1995年

当选为中国工程院院士。

1950年春，清华大学物理系同学欢送杨士莪等参军，在宿舍楼明斋前合影（三排右一为周光召，一排右二为陈遂，二排左三为杨士莪）

杨士莪（三排左三）与清华大学校友返校合影。欢笑情如旧，萧疏鬓已斑。当年风华正茂的青年都已成为皓首苍颜的老者。人们在生命中奋斗的宝贵时光，汇聚并转化成了推动整个国家前进的力量

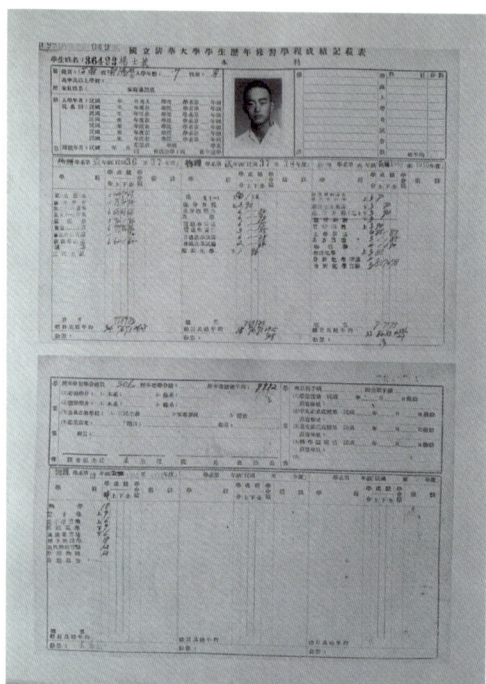

杨士莪在清华大学的成绩记录表

1950年，杨士莪响应国家号召投身海军建设，到大连海军学校从教。分别在即，杨士莪与高伯龙、周光召等几位同窗好友之间并没有离愁别绪，而是带着踌躇满志的向往和兴奋，在清华大学这个驿站准备再出发时，他们或将继续读研深造，或将服从组织分配参加工作，或将参军入伍，在有限的选择自由下，面对不同的人生道路，几个人围坐在床铺旁，杨、周将几年来合资买的书摊了一床，为"公平"起见，由高伯龙为二人"分家"。分别在即，几位好友围坐宿舍"分书"，也算是几人间一种独特的告别方式吧。

"忘年交"马大猷① 的支持

除了同龄的朋友外，还有一些亦师亦友的"忘年交"在杨士莪

---

① 马大猷（1915—2012），国际著名声学家、中国现代声学的开创者和奠基人之一，中国科学院资深院士。他是中国首位物理声学专业的赴美留学生。在声学应用基础研究方面做出诸多开创性贡献，研究成果涉及物理声学、建筑声学、噪声控制学、语言声学、次声学等多个方向。

的成长之路上发挥了重要作用。如中国现代声学的开创者和奠基人之一马大猷即是如此。马大猷是中国较早提出发展水声学必要性的声学家。早在1956年2月，在国务院召开的制定"十二年科技发展规划"动员大会之后，马大猷建言献策，专门发表了《关于发展声学研究工作的意见》，提出了中国现代声学的发展规划，在介绍物理声学、建筑声学、超声学三个方向后，他阐述了发展水声学的必要性：它(水声学)是和超声学同时诞生的，法国物理学家朗之万1918年制成石英压电振荡器，将其作为超声源在水中实验，探求搜索敌人潜艇的方法。现在这方面的技术已有极大的发展，水声探测的效力不亚于探测敌人飞机的雷达设备。利用水下超声波通信也完全可靠。因此进行水声学研究对巩固国防意义很大。[①]

马大猷对声学在中国的发展起到了重要的指导作用，对杨士莪水声科研道路的走向也不乏指点。杨士莪对马大猷的学问非常佩服，转学水声后，一有机会就跑去听马大猷做报告，获得不少见识和启发；马大猷对这个声学后辈也青睐有加，他的论文集出版后，会特意送给杨士莪一本。20世纪90年代末，哈尔滨工程大学的科研团队提出"矢量传感器"的研究方向时，国内同行大都不以为然。有一次，杨士莪在中国科学院声学所专门做关于"矢量传感器"的介绍，报告完毕，走下讲台，马大猷赞赏地对杨士莪说："你们学校的这个研究好，非常有前景！"原来，德高望重的马大猷听说杨士莪来讲这个题目，很感兴趣，特意赶往报告厅了解详情。多年后，当矢量传感器的研究获得成功，得到市场认可并具有巨大的市场潜力时，杨士莪对于马大猷的那句话仍念念不忘。对于当时国内

---

① 马大猷：《马大猷科学论文选集》，中国科学院声学研究所，1990，第414页。

水声领域一个新的研究方向，面对诸多质疑声时，马大猷对于杨士莪的赞赏和鼓励，无异于雪中送炭。

　　也许，在对开拓与创新格外敏感的人们之间，往往有着更多的惺惺相惜。在人生之路上，能够得一知己尚且是可遇而不可求的难事，更何况是在崎岖难行的科研之路上，这样的"忘年交"更显弥足珍贵。

20世纪90年代末，杨士莪（左一）与马大猷夫妇（居中）、水声工程专家马远良教授合影

　　2015年3月1日，时值马大猷诞辰100周年，杨士莪特写文章《纪念马大猷先生诞辰100周年》，以表纪念：

　　　　马大猷先生是我国现代声学科研和教学的鼻祖，并享有高度的国际声誉，毕生为我国声学事业的发展做出了不可磨灭的贡献；他所指导和培养的研究生，现已成为我国声学界不同领域的领军人物。

马大猷先生不仅在其所从事的科研领域做出了大量的突出成绩，他同时团结我国广大声学科技工作者，推广我国声学研究成果，积极推动了中国声学学会的建立，领导出版了《声学学报》，并亲任总编。虽然由于种种历史上的原因，他自身有意回避了关于水声学领域的研究，但他对于我国从事水声研究的青年科技工作者，从不吝惜支持和帮助，即使像我这样一个外单位的人，每次向他请教问题时，不论是学术问题，抑或是工作中的疑惑，也总能获得耐心的解释和说明。

马大猷先生教育我们：要始终保持高度的好奇心，如果缺乏好奇心、想象力和创造性，或者把研究工作当作挣钱的职业，都不适合进行创新型研究工作；科技体系中的不正之风必须严肃处理，科技队伍中决不能容忍有弄虚作假之徒；科学家和技术家是基础研究的主要力量，必须实行学术自由，不受干扰。

回顾自己的求学经历，杨士莪颇庆幸地感慨："真是有幸，碰到一些好老师、好同学。有机会受到诸多名师的熏陶、指点，并有幸结交到一些优秀的同学，这些对于我的个人成长，有着非常重要的影响。始终宽松的学习环境，给我提供了大量阅读课外书籍、开展各类文娱活动的条件，对我扩大知识领域、丰富生活情趣、能够全面成长大有裨益。"

启示六

君子藏器于身，待时而动

从求学到工作，在大浪淘沙般的"自然选择"中，杨士羡怀着"强国情结"一步步走向了知识更密集的圈层，一点点积蓄着报国能量。他相信，他可以追寻更好的自己；他相信，他可以实现更大的价值；他更相信，渺小如他者，也可以为推动国家前进的巨轮尽一份自己的力量。

作者手记：

　　"君子藏器于身，待时而动"意指君子要蕴藏能力，默默积累，静观时机，待时而动，以达到事半功倍的效果。这是《易经》哲学中的一种人生态度和处世态度，强调个人修养与等待时机的重要性。杨士莪的工作经历，恰好成了先人智慧的现实注脚。有志者、有心人在平时踏实积累，做好充分的准备工作，等待时机到来再采取行动。机遇来临之前能做的就是努力和忍耐，涵养宁静致远、平和谦虚的心态，保持乐观和热爱，学会在等待中磨砺自己、在忍耐中努力奋斗。从求学到工作，在大浪淘沙般的"自然选择"中，杨士莪怀着"强国情结"一步步走向了知识更密集的圈层，一点点积蓄着报国能量。他相信，他可以追寻更好的自己；他相信，他可以实现更大的价值；他更相信，渺小如他者，也可以为推动国家前进的巨轮尽一份自己的力量。这种"待时而动"，让杨士莪心中的幸福感浓厚而持久。军工大院就像是一片生机勃勃的树林，在像阳光一样强烈的"强国之梦"的照耀下，杨士莪与周围那么多优秀的同伴一样，都在拼尽全力地向上生长，积累着足以实现自我理想的能力。

海军教员的身份转变

1950年10月，国内抗美援朝的宣传动员如火如荼地开展起来。初冬的一天，正读大四的杨士莪与同学们一起上街做抗美援朝的宣传活动。返校时，巧遇当时在大连海军学校（现海军大连舰艇学院）任教的原清华物理系教员慈云桂[1]来校做宣传动员。慈云桂此行系根据大连海军学校的要求，经政务院高等教育部批准，动员北京高等院校的青年教师和高年级学生参军去大连海军学校担任教学工作，为筹建不久的学校解决急需人才的问题。

慈云桂向杨士莪等人介绍了大连海军学校的发展形势和需要，他说：新中国刚成立，百废待兴，国家在"一穷二白"的基础上起步，海军建设也是白手起家，大连海军学校作为新中国第一所正规的海军学校，在学校初创阶段急需人才。

当时，杨士莪正在余瑞璜教授的指导下从学习吹玻璃开始，准备参加X射线管的研制，作为毕业作业。慈云桂一番"参与海军建设"的动员，引发了杨士莪的思考：在建设新中国和抗美援朝的背景下，参与海军建设既可偿自己励志报国的夙愿，又能在国家建设的大战场上，找到一个适合自己并能胜任的岗位，于是毅然报名参军。

---

[1] 慈云桂（1917—1990），中国计算机科学与技术的开拓者之一、中国科学院院士。中国首台亿次级巨型计算机"银河"的总设计师，打破西方在超高性能计算机上对中国的封锁。他在大连海军学校工作期间培养了中国第一批海军指挥员和通信专家。1954年，被选调到中国人民解放军军事工程学院，主持建成雷达和声呐实验室，历任海军工程系教学副主任、电子计算机系主任等职。他率团队在计算机研发历程中，取得多项第一的成就。

杨士莪先斩后奏，将参军的消息告诉了家人，一向尊重子女选择的父母不出意料地支持他的决定。新中国刚成立不久，一方面，直接与武器装备先进的美国人打仗让一些老百姓心存顾虑；另一方面，旧社会的观念"好男不当兵，好铁不打钉"在一些百姓中还有一定影响。为了消除人们的顾虑，以榜样的力量带动人们参军的热情，南京《新华日报》专门选取了包括杨士莪母亲陈法青在内的三位支持子女参军的家长典型，刊登了一篇题为《三个光荣的母亲》的报道。两个月后的1951年1月，全国抗美援朝参军的热潮轰轰烈烈地开展起来。

▌ 初入大连海军学校时的杨士莪（摄于1951年）

大连海军学校是1949年11月成立的新中国第一所正规海军高等军事学府，其目标是培养优秀的海军军官，建设一支强大的海军。

1950年11月底，杨士莪一行在慈云桂的带领下，来到了坐落在大连老虎滩畔的海军学校。学校初创，教员严重匮乏，杨士莪等新人的到来，对于大连海军学校来说无疑是雪中送炭。

杨士莪在这里填表、入伍，正式成为一名海军军官，被分到物理组任教员；慈云桂为指挥系副教授，两人从师生变为同事，后来两人又先后奉调中国人民解放军军事工程学院，再度成为同事，相交多年，亦师亦友。慈云桂不但是杨士莪职业生涯的先导，也是杨士莪科研道路上的同路人。

当时的大连海军学校按专业设立航海指挥和机械工程两个分校。海军专业课和专业基础课的教学各由一个"三人小组"负责，成员由苏联专家、中国教员和翻译组成，在当时被称为"三位一体"的教学方式。杨士莪被分到物理组之前，该组只有一名教授和两名本科学历的教员及两名实验员，师资力量薄弱，随着杨士莪等人的到来，力量逐渐得以加强。在当时中苏关系友好的背景下，中国许多领域深受苏联影响，科教领域也不例外。为了尽快提高业务能力，杨士莪曾参加学校组织的俄语速成班，具备了初步的俄语阅读能力。值得一提的是，杨士莪除了具有出众的学习能力外，还有强烈的主动学习意识，他此前并无俄语基础，但是因为当时中苏关系交好，国内使用的外文教材只有俄文教材，杨士莪从零开始学习俄语。正所谓"技多不压身"，命运因为他的勤奋也送给他格外的奖赏，此是后话。

大连海军学校的学员主要分为三类：一是从高校招收在读的本科二年级以上的大学生，直接编入二年制的"速成班"，以便满足海军建设对干部的急需；二是从高中生中招收的学员，一律编入四年制"普通班"；三是从陆军部队招收的部队学员，根据文化程度分别编入"速成班"或"普通班"，对于未达到文化基础要求的，则编入"预科班"。学校非常重视包括基础课、实验课等在内的正规化教学。这让教授基础课"普通物理"并兼任物理实验室主任的杨士莪有了用武之地。从中学到大学为同学辅导课程的经历，使他在从学生到教员的角色转变中游刃有余。站在讲台上，20岁的杨士莪比很多学员的年纪还小。多年后，很多他教过的学员都成了中国海军的元老级人物。尽管年轻的杨士莪并没有多少教学经验，但他有意

识地将启发学生思考等曾使他受益的教学方法应用到课堂上。

上课需要教材，对于初建的物理组来说，一切都要白手起家，杨士莪于是和同事共同着手编写教材。受当时国际关系和政治气候的影响，除俄文书外，所有国外教材据说因有"资产阶级思想"，被一律收缴。杨士莪等人依靠"脑瓜里记住的东西"和对物理规律的认识，为学员"量身定做"了一套物理讲义，这本油印的讲义可算是他的第一部"专著"了。另外，在他的带领下，物理实验室借助学校给予的经费支持，通过采购和定制克服了设备器材的不足，从初建的"空空如也"变为可以满足基本物理实验的需求。在期末考试时，他允许学生将笔记、课本等学习资料带入考场，因为他认为自己出的考题虽然难度不大，但绝不会生搬硬套公式，特别考查学生融会贯通的能力，要想答好他出的卷子，也不是件容易的事儿。

大连海军学校大灶食堂有一"怪"，每顿饭桌上都有一大碗红烧对虾，却少有人问津。这让初来乍到的杨士莪非常不解。看到别人不伸筷子，杨士莪心想："这么好的红烧对虾，你们不吃，我吃！"于是大快朵颐起来。可是日子久了，每顿必有的大碗鱼虾，让杨士莪也招架不住了，渐渐地看到鱼虾，也抬不起筷子了。原来，大连靠海，盛产鱼虾，价格较其他菜便宜。大连海军学校的伙食有四种级别：大灶、中灶、小灶、舰艇灶，灶别标准越低，鱼虾越多，所以大灶鱼虾最多。从新兵到教员，随着"待遇"的提高，杨士莪遍尝四种灶别，以至于此后多年，看到鱼虾再无兴致。

当时，军队实行供给制，爱吸烟的杨士莪每月一块多的津贴买不了什么好烟，但尚可支付一个月的劣质黄烟叶，于是杨士莪改抽了烟斗。清贫的日子里，同事们苦中作乐，开玩笑说："每月上旬'有烟有火'，中旬'有烟无火'，到下旬快发津贴时，则是'无烟无火'了。"上课备课、队列点名、出操训练、内务卫生……对杨士莪来说，在大连海军学校平淡而拘束的两年时光给他的收获之一是让他完成了从一个普通百姓向一名军人的转变，使他自由散漫的性格有所收敛。经过两年军队生活的锻造，曾经的文弱书生，初步具备了战士的品质。

受命哈军工

1952年9月，中央军委向全军下达了《关于调查登记大学、专科学生及各种技术人才的指示》，要求各单位在一个月内将登记情况上报军委。同年冬天，大连海军学校等院校接到由中央军委下达的、令其颇感棘手的指示——抽调300名助教及1000名学员到军事工程学院任教和学习。在这个指示中，国家决定从全军抽调具有大学学历的知识分子，筹建"中国人民解放军军事工程学院"。中央军委点名抽调大连海军学校四十多名教员，杨士莪名列其中。

大连海校"忍痛割爱"，从数学、物理、化学等组中各调出一名，将包括杨士莪在内的六名助教调给筹建中的军事工程学院。接到调令的杨士莪一头雾水，只知道要奉调哈尔滨"103部队"，马上整理行装，随时待命行动，其余一概不知。

在朝鲜战场上，中国人民志愿军历经数次艰苦卓绝的战役，把战线稳定在"三八线"附近。但是，由于技术装备落后，志愿军付出了高昂的代价。美国之所以在与中朝的停战谈判中很有底气、谈谈打打，也主要倚仗其先进的武器装备。残酷的战争让新中国的领导者们更加深刻地认识到实现国防现代化的重要性，新中国迫切需要大批能驾驭、发展现代化武器装备的工程科技干部和大批掌握现

代战争知识、领导军队现代化建设的人才。

在国家战略需求的催生下，中国人民解放军军事工程学院应运而生。因其地处哈尔滨，也被人们称为"哈军工"，代号"103部队"。由于学校培养的是军事工程高级人才，研究的是当时先进的军事工程技术，所以这所军校成立伊始就是一所对外严格保密又特别神秘的"绝密单位"。它的成立，凝聚着新中国的领导者们建设现代化国防的理想。

1952年6月，中央军委调陈赓[①]任哈军工院长兼政治委员。在一无师资，二无校舍，三无教材设备，四无管理经验的情况下，陈赓决定用"边建边教边学"的办法，即建校舍、请教授、招生开课同步进行，亲自主抓其中最棘手、最紧迫的师资等问题。在他的领导下，仅仅数月时间，数幢教学科研大楼拔地而起，人们用在战场上的劲头和速度来办这所学校。

学院包括空军工程系、海军工程系、炮兵工程系、装甲兵工程系、工兵工程系五个系，各系都是未来相关军兵种单独的高等技术院校的基础。国家从1953年起执行的第一个五年计划，以集中主要力量发展重工业、建立国家工业化和国防现代化的初步基础为指导方针和基本任务。"哈军工"被列为"一五"重点建设项目，是这期间举国之力建设的全国唯一一所重点大学，由国家领导人直接安排学院建设。学院党委执行兵团级权限，隶属中央军委和各总部直接领导。当时居于世界高等军事技术教育前沿水平的苏联顾问团来到学院工作，其高起点创建与跨越式发展成为中国高等教育史上的

---

① 陈赓（1903—1961），极富传奇色彩的开国大将，历经北伐战争、南昌起义、长征、抗日战争、解放战争、抗美援朝等，是中国人民解放军优秀的领导者之一，也是新中国国防科技、教育事业的奠基者之一。

奇迹。

到1970年哈军工分建为止，在她17年的办学历程中，先后诞生了第一台军用电子计算机、第一艘水翼试验快艇、第一座1.5米开口单回路式风洞、第一艘小型水动力试验潜艇、第一艘增压式气浮艇等数十项具有开创意义的"共和国第一"，是全军科学技术的研究中心之一。哈军工招收学员十三期，毕业生一万余名，从这里走出了二十多位共和国政要、四十多位两院院士、数百名将军，使哈军工成为中国高等军事技术教育的一个重要里程碑。

1952年12月，上级一声令下，杨士莪一行来到了他们生命中最重要的驿站和与他们的命运产生最紧密交集的城市——哈尔滨。在20世纪50年代的哈尔滨，流传着一首民谣："103，103，上大学、攻尖端，又管吃、又管穿，毕业出来当军官"，在普通百姓眼里，哈军工有着令人难以企及的高度。

此时，中央军委从全国请调来的学术精英组成的第一批专家教授陆续报到。杨士莪等从全军选调的231名助教也陆续到校，学院随后成立助教队，因为是报到最早的一批，杨士莪被分到助教队一排一班。

一天，杨士莪等几人正在宿舍里休息，忽闻陈赓院长来视察，几个助教既感兴奋，又很激动。陈赓亲切地询问杨士莪是哪里人，是否适应哈尔滨的生活，有什么困难和

初入哈军工时的杨士莪（摄于1952年）

意见，等等。杨士莪看到陈赓院长虽然是官职、军衔都那么高的大首长，但是竟如此亲切，让他感到很敬佩。

陈赓每隔一段时间就专门把老师、助教们都找去，给他们做报告、讲形势。六十多年后，杨士莪回忆起难忘的哈军工生活时，曾饱含深情地谈起：

> 陈赓院长的报告内容很宽泛，从大政方针讲到具体思想，从学校本身建设、教学方针、教学目标一直讲到很具体的小事。搞运动的时候，有些教授思想不安定，他就说："没什么好害怕的，就是运动嘛，大家都经过。"他还说："查历史，我当然不怕查历史，但是要批判官僚主义我还是有点怕的。"讲得很风趣。那时候我就觉得跟着这种领导干，绝对没错，他不仅告诉你要干什么，而且还告诉你应该怎么干，对你干的过程中可能出现的这样那样的不完善之处，他比较宽容，告诉你是可以谅解的、总是难免的。我们都非常愿意跟着他，学校里从领导干部到基层群众对陈赓院长都是绝对敬佩的。[①]

这些杨士莪亲身经历的事，其现实意义往往超出了个人的自身体会。陈赓的人格魅力，无形中吸引着像杨士莪一样的人在不自觉中，追寻高远，塑造更好的自己。

助教们来自四面八方，专业多种多样，程度参差不齐，为了保

---

① 杨士莪：《难忘的哈军工生活》，载王克曼、徐南铁主编《百家访谈哈军工（下）》，哈尔滨工程大学出版社，2013，第188页。

证教学质量，学院组织助教们从基础课开始复习。这些功课对基础扎实的杨士莪而言游刃有余，因而他的大量时间被用来帮助其他同志。不久后，他就被调到助教队教务科任参谋，负责一些教学行政事务。

杨士莪刚到教务科，时任教务科长的舒贤颂[1]就给他"上了一课"。一次，学校组织助教队考核，舒贤颂令杨士莪写一份助教队成员数学水平测验总结。杨士莪暗想："堂堂大学生写个区区总结，这有何难？"于是洋洋洒洒写了六张纸并颇为自得地拿去交差。舒贤颂一看，满篇口语、格式随意、文字啰唆、主题不明，不禁皱起眉头。他将杨士莪叫到身边耳提面命，时而大删大改，时而字斟句酌，手把手告诉杨士莪公文的写作方法、注意事项，边讲边改。杨士莪则老老实实地坐在他身旁，边学边记。舒贤颂将多年工作经验倾囊相授，杨士莪既感惭愧又心怀感激，不知不觉两人改了一个通宵。

其实，凭借舒贤颂的工作经验，起草一个"总结"驾轻就熟，并不需要如此大费周章，但他亲自操刀修改而不另起炉灶，一方面是为了保护杨士莪这个年轻同志的积极性，另一方面也为使其尽快成长。杨士莪很感激舒贤颂的苦心，他也因为这一课，体会到文字能力的重要性，着意对写作能力的锻炼，其后的科研和行政管理工作都因此得力不少。

令杨士莪颇感得意的一件事是，他学会的这一课还曾助力20世纪80年代各国防工业部门所属院校的国家重点实验室申报。原来，

---

[1] 舒贤颂（1918—1986），早年在西北军政大学任教，任西南军政大学教育科长，1952年随陈赓筹建中国人民解放军军事工程学院，后曾任学校教务处处长。

当时，为加快中国社会主义现代化建设，围绕国家发展战略目标增强科技储备和原始创新能力，原国家计委启动了国家重点实验室建设计划，但先期主要面向教育部所属院校。当时隶属各国防工业部门的院校深感建设这些实验室对国防的紧迫性和重要性，希望以此为契机建立国家重点实验室，于是齐聚南京商讨此事。

最终，由杨士莪主笔向时任中共中央军委主席邓小平写了三页纸的报告，文字洗练、条理清晰、体例规范，说明军工院校建立国家重点实验室的必要性，以期国家支持建设。报告很快得到国防科工委（现工信部）批复。因而，自1984年至1997年国家重点实验室起步阶段，相继建成的155个国家重点实验室中，也包括首批军工院校的若干国家重点实验室，哈尔滨工程大学的"水声技术国家重点实验室"、北京航空航天大学的"航空发动机气热动力国家重点实验室"、哈尔滨工业大学的"精密热加工国家重点实验室"、南京理工大学的"瞬态物理国家重点实验室"、西北工业大学的"无人机特种技术国家重点实验室"等，均属此列。后来，为加强与国家安全息息相关的国防工业发展，考虑到国防科技研究与应用开发的大量资金需求和保密性要求，国防科工委启动"国防科技重点实验室"建设计划，这些国防领域的"国家重点实验室"陆续自动转为"国防科技重点实验室"，划归国防科工委管辖。

一挥而就的三页纸报告是杨士莪的得意之笔，他曾开玩笑地说："成立国防科技重点实验室，我还出了点力气，所以还很得意。"杨士莪始终很感激为自己手把手改稿的舒贤颂。他时常感慨，一位好的领导，不亚于一位好的老师，教人做事，更教人做人。

奋发蓬勃的"大课堂"

1953年7月，中、朝、联合国军代表在朝鲜板门店签订了《关于朝鲜军事停战的协定》。

中国人民志愿军总司令彭德怀在签订停战协定后的回国途中，首先到哈尔滨视察即将宣告成立的学院。他语重心长地跟师生说："志愿军在朝鲜作战，基本上还是小米加步枪，以这样劣势的装备同最现代化的美国军队作战是很困难的，必须办学校培养技术人才。"朝鲜战争虽然结束了，但国防建设的任务依然紧迫。能够亲身参与军队现代化必须走的第一步，参与建设国防现代化的基础，杨士莪深感重担在肩。哈军工是全军科学技术的研究中心之一，作为当时全军军事工程技术的集中地，为杨士莪未来在国内科研高地上工作，准备了充足的客观条件。

在一次学院党委会上，陈赓对师生员工的角色形象地进行了分工：学院好比一个大食堂，学员是来吃饭的，教师是上灶的大师傅，干部都是端盘子的。这句话是哈军工以教学为中心、以学生为中心的办学传统的生动表述。陈赓号召教师以自己良好的教风去影响学员的学风，提出"善之本在教，教之本在师"的办学理念，坚持依靠老教授和老干部的"两老办院"。他曾说："我们学院，既有经历长征两万五的'八角帽'（指老红军），也有经历十年寒窗苦的'四角帽'（博士帽）。'八角帽'上过井冈山，'四角帽'去过旧金山，都是国家的宝贝，是建设国家的财富。"因而，他主张"既要承认长征两万五，也要承认十年寒窗苦"。在这里，老教授和包括杨士莪在内的助教们时时处处都能感受到被尊重的价值感

和归属感，全力以赴投入到教学工作中。

在陈赓的言传身教下，教师治学从严，干部治校从严，逐渐形成了以"严"为核心的办学风格和独特校风。单在教学过程中就有"六严"，即严肃的教学态度、严密的教学组织、严格的教学管理、严谨的教学作风、严整的教学秩序、严明的教学纪律。全院各部门都要根据教育计划制定业务保证计划，并严格保证教育计划的实施。原定在1953年9月1日上午举办的"军事工程学院成立暨第一期开学典礼"，因为上午有课，学院便决定将大会改到下午开。在1955年的"肃反运动"和1957年的"反右运动"中，学院坚持教育计划不变、教学安排不变、教学时间不能侵占，将运动分为两步走，机关、服务部门先行，教师、学员参加运动的时间安排在假期。从1953年9月1日开学，到1957年第一期教育计划完成，从排课表到授课未出现一次差错。

学院招收的第一期学员虽是从全军挑选出来的政治、军事都很优秀的青年，但文化程度参差不齐，如果入院后直接分系读本科，教育计划难以执行，教学质量不能保证。为了对新生加强政治、学业、军事方面的训练，为大学本科教育打好基础，学院成立"预科"，为学员补习数理化及军政训练等。自1953年3月起，杨士莪作为助教先到普通物理教授会承担新生文化补习教育任务，在"预科"教授物理，后到学院训练部基础课教授会执教工兵工程系本科普通物理，直到1954年初。杨士莪谦虚好学的性格使他不断向全国选调来的名师求教；学院"严谨、严密、严格"的教风，让他性格中的随性因素进一步收敛；备课、写讲稿、试讲，他脚踏实地、一丝不苟地过好"教学关"。1955年春天，哈军工举办第一届学术报告会，杨士莪在报告会上就所教专业做学术报告。整个学院洋溢着向科学文化进军的激情，饱含为国而教与为国而学的光荣感和使命感。

杨士莪在哈军工第一次学术报告会上做报告（摄于1955年）

执教海军工程系

1954年春天，时任海军工程系代主任的黄景文①向学院提出：凡由海军各部门调来军事工程学院的干部，希望都能分配到海军工程系工作。根据这个要求，作为基础课教授会助教的杨士莪被调到了海军工程系。

_____

① 黄景文（1914—1983），哈军工建院初期五大系主任之一，被称为陈赓办学的"五根支柱"之一。他早年考入国民党黄埔海军学校，学习舰长专业。哈军工筹建时，他在全国聘请教授，为哈军工骨干教师队伍建设立下汗马功劳。他任海军工程系主任14年，在其领导下，海军工程系各专业迅速从无到有，成长壮大，并培养锻炼出一大批技术干部，为海军高技术人才培养及海军装备科研事业发展做出了突出贡献。1966年，他调离学院筹建海军试验基地，后曾任海军试验基地司令员。

海军工程系的目标是为海军培养军事工程技术干部，学员毕业后分配到海军各有关技术部门、领导机关、国防科研单位等。该系设海道测量、舰炮与弹药、鱼雷与水雷、无线电通讯、造船五个专科。第一期学员八十余人。

海军工程系初创，还处于摸索阶段，系里边建设边教学，只要有可供建系借鉴的经验，黄景文就会亲自"拜师学艺"。黄景文主任对待下属的亲切和蔼、对待业务的深入细致，给杨士莪留下了深刻印象。在其后十余年的交往中，黄景文的人格魅力、领导艺术使杨士莪服膺备至，是他在海军建设事业道路上的鞭策者和引路人之一。

杨士莪调入海军工程系后，被分配到海道测量专科"大地测量"教研室，进行"球面天文学""测量天文学""球面三角"等课程的讲授。因为此前从未接触过相关课程，新的专业分配无异于另起炉灶。

两个月后的一天，黄景文找到杨士莪询问工作开展情况。杨士莪率直地表示，他此前对天文测量一无所知，现在了解一些后仍感没有兴趣，但是会努力做好工作。黄景文鼓励杨士莪："兴趣不是天生的，也不是熟悉不熟悉的问题，兴趣是对于革命工作需要的认识。我相信你会做得很好。"杨士莪回到宿舍后，仔细回想黄景文的话，重新拿出苏联专家提供的教学大纲，又开始一个个地抠那些刚认识不久的新名词。

三个月后的一天，杨士莪突然接到黄景文从青岛打来的电话，通知他火速赶往青岛。杨士莪急忙启程，到了青岛后才知道，黄景文在青岛参观学习，了解到该地有个天文测量站，当即跟负责人表示想派一名年轻教师前去学习。黄景文随即联系落实，安排杨士莪到测量站进行短期实习，以便使杨士莪对天文测量有更感性的认识。这种自然流露的时时关心、处处培养，这种领导对下属的爱护和期望，让杨士莪深深感受到伯乐对自己的知遇之恩。

后来，杨士莪在苏联进修期间，曾因工作需要和中国科学院电子学研究所过往密切。有人担心杨士莪进修结束后会被留在中国科学院，便向黄景文建议利用杨士莪回学院汇报的机会将人留住，不再放出国外。黄景文得知杨士莪在国外进修尚有未了事宜后，坚决没有采用这种不利于人才成长的本位主义做法，毫不犹豫地同意他重返莫斯科完成进修任务，后来又同意他回国直接去中国科学院参加中苏联合水声考察，直到考察结束才返回学院。20世纪60年代初，黄景文又多次委派杨士莪代表他参加海军副司令员领导的水声专业组活动或到有关单位协作。

在各项教学、科研工作中，黄景文仅仅指出对海军建设急需的关键，并协助解决人员编制与经费等方面的重大问题，其他方面则放手让大家自主地发挥积极性与创造性去完成任务而不加干涉，这种信任与放手，反映出"有若无"的高超领导艺术。多年后，杨士莪无论是担任科研团队的"掌舵人"，还是教学行政管理的"决策者"，都极大地借鉴了黄景文这种"有若无"的领导艺术。

黄景文为研究摸索出好的教学方法，常到海军、教学第一线搞调查研究，他所写的教学情况调研报告被教务部认为具有普遍的指导意义。他结合海军的实际需要，大力推动海军工程系的科研工作。他曾说："在科研方面，我不可能去精通，但我一定要懂，不懂怎么能下决心，不懂怎么能去组织、去协调？"这种实事求是、身体力行的工作作风对于初登杏坛的杨士莪而言，其影响是润物无声而又极其深刻的。

杨士莪曾在《缅怀黄景文主任》一文中写道：

他（黄景文）曾经说过："过去的经验表明，一个同志在革命队伍中工作了一段时间以后，就会对所在单位产生深厚的感情，在任何艰难困苦的情况下，都将紧跟不舍而决不动摇。"我想正是因为有像黄景文同志这样的领导者，所以能带出那样坚强的队伍。他的部下将永远怀念他的教导，学习他的品德精神，继承他的夙愿![1]

初登讲台的"现炒现卖"

刚结束在青岛天文测量站的实习不久，回到哈尔滨的杨士莪就迎来了紧随其后奉调海军工程系的故人——慈云桂。

慈云桂刚到哈军工那天，杨士莪前去看望他。慈云桂问杨士莪对哈军工的感受。杨士莪坦率地说："我在海校工作时最想不通的是上级有条规定，除了俄文书外，所有外文图书，包括纯科技书籍，都是充斥着资产阶级思想的，因此一律上缴没收，我想不通，明明知道英美海军技术先进，可读了他们的技术书就违反纪律，这书还怎么教？1952年底调来军工时，我趁机从海校要回来我上缴的大部分外文科技图书，但还是弄丢了一些，可心疼了。初到军工还没分配工作，院图书馆找我们帮忙给外文图书分类，不光有苏联的图书，还有整间整间的各个国家的科技图书。陈赓院长还委托驻外使馆人员从国外买科技资料，他不光调集人才，还调集图书！学院

---

[1] 杨士莪：《缅怀黄景文主任》，载丛书编写组编《难忘的哈军工》，哈尔滨工程大学出版社，2003，第165页。

鼓励大家学习外文，没有人限制。这所大学学风开明，政策对头，我实在是喜欢这里。"

一席话，让慈云桂下决心在此扎根，不久后他即被任命为海军工程系雷达教授会主任，后又任该系教育副主任。

哈军工图书馆是当时国内高校中较好的科技情报中心之一，连远道而来的苏联专家都羡慕不已。近代以来的中国海军及海校，基本上是在学习西方先进军事技术的基础上发展而来的。新中国成立后，在毛泽东"积极争取苏联援助、向苏联海军学习"的方针下，1954年大批苏联专家进入哈军工，每个专业教授会都至少有一名苏联专家。在这些苏联专家中，海军工程系所占比例居各系专家数量之首。陈赓指示，系里苏联专家的主要任务不是给学员上课，而是培养青年教师，帮助建立专业，形成"专家教教员，教员教学员"的模式，这一点是哈军工能迅速培养起大批专业教师的一条宝贵经验。

杨士莪所在的"海道测量"专科下设海道测量、大地测量、航海设备三个教授会（即教研室），很多教员都是刚接触所教课程，对课程缺乏了解，因而从教学计划、教学大纲、教材选定及实验等，都是在苏联专家的指导下进行的。杨士莪曾在《难忘的哈军工生活》中写道：

> （这些教学大纲）有的附了参考书，有的没有，我们就要自己去想办法找参考书，实际上是现做现卖、现学现教……当时，我们海军工程系基本上就照搬苏联克雷洛夫学院的教育计划，培养目标是"对各种军事装备的维护使用"……这种状况一直持续到20世纪60年代之后，学院才自己重新制定了新的教学计划，那就是我们中国自己的

了。这时候，我们已经办学几年了，有一些体会了，就把培养目标从"维护使用"改成"研究设计"。……除基础课按照一般大学本科的基础课设置，专业课更多的是结合实际的装备，实验室里也有很多从各部队弄来的一些实际装备，针对实际装备讲原理、构造、操作、维护和维修。理论和实践是结合得比较紧的。

虽然当年哈军工来了很多苏联专家，我们专业也安排了一位，但是他研究的并不是我教的那门课，具体的专业方向存在差异，所以没有太多机会跟他讨论专业……还得靠自己去摸索。令我至今难忘的是，由于教师人才奇缺，我们在哈军工最初上讲坛讲课几乎都是现炒现卖。实际上是一边自己学一边辅导别人，相当于头天晚上自学，第二天到课堂上去讲给学生听，所以我感觉给学生讲课一个最大的问题，就是自己对这个专业没有那么多实际的体会，所知道的只能是干巴巴、从书本或者什么材料里头看到的理论和文字记载。但那时候，学生们都是训练有素的战士，甚至很多年纪比我还大，很规矩、懂礼貌，不大挑你的刺，如果真要挑刺的话，肯定很容易找到。曾经也发生过这种情况，头一天讲完了，回去琢磨琢磨觉得可能这样讲不太合适，第二天上课就说"上次讲得不是很好，这次再重来"。①

---

① 杨士莪：《难忘的哈军工生活》，载王克曼、徐南铁主编《百家访谈哈军工（下）》，哈尔滨工程大学出版社，2013，第186-187页。

杨士莪（前排右二）与海道测量专业大地测量教研室同志合影（摄于1956年）

　　海军工程系对教师要求严格，"教师不但重视技术，也要重视革命化；不但教书，还要教人；不但注意培养学员成为技术工作者，还注意培养学员成为革命者。"非常重视对学员为国防事业奋斗终身的思想培养和要求，学员和教员都是军人，一样都有出操的要求，完全是军事化的管理，按照部队的要求进行培养和训练。新教员在上课前一周，必须亲赴学员班，与学员"三同"——同吃、同住、同劳动，以便熟悉授课对象，并能叫出他们每个人的名字。

　　在海军工程系初登讲台的两年时间里，除了本系天文测量的相关课程外，杨士莪还给空军工程系气象专科的学员讲授"天文学"，并写过一部"天文学讲义"，这是他的第一部"铅印"讲义，获得了学院教材编写三等奖，他用四十块钱的奖金买了一些书，之后请几位同事下了顿馆子，高高兴兴地吃了一顿。

兄弟相见不相识

在此期间，也发生了一件让杨士莪印象深刻的"兄弟相见不相识，笑问客从何处来"的趣事。一天下课后，杨士莪走在回教研室的路上，一位年轻人迎面走来。杨士莪向左侧身相让，年轻人并不过去，故意堵着去路。来人问杨士莪："你还认识我吗？"杨士莪回想半晌说："看你很脸熟，但想不起名字了。"年轻人上前一把抱住了杨士莪，兴奋地大叫："大哥，我是士芹啊！"杨士莪这才缓过神来，竟在哈军工的校园里遇到二弟，既感非常意外，又觉开心至极。原来，当年正读高三的杨士芹在抗美援朝时参加了空军，这次是被部队选送到哈军工空军工程系学习。

自从1947年离开南京到北京上大学，杨士莪只是在1949年暑假期间回过一次南京的家，那时兄弟俩还都是少年，如今，他们都已长成意气风发的青年了。杨士莪已经7年没见过家人，因为更换单位频繁，又是保密要求高的军校，与家里的通信也不多。他只知道士芹也参军了，并不知道弟弟这些年都在什么地方，做什么。他想不到兄弟俩能在哈军工的校园里相聚。兄弟相见不相识，笑问客从何处来。在外人看来令人惊奇费解的小插曲中，却蕴含着当事人对于一项事业忘我的投入和身不由己的苦涩。

在哈军工，杨士莪想当一名好学生，从普通物理到天文测量，这对他来说是个完全崭新的领域，他需要自己首先将这些知识理解、消化、掌握、运用，哈军工的很多教师是从全国选调的名师、专家，藏龙卧虎，他时常提醒自己转益多师，吸取更多利于成长的养料；他想当一名好教员，每当登上讲台，不少年龄比自己还大的学员求知若渴地望着自己，他将刚自学掌握的知识"解码"并重新"编码"，满脑子想着怎样精写讲稿、精讲内容、精选例题、精留习题，将自己所能最大限度地传输给学员；他想当一名好军人，尽管他性格随性自由，但是亲身经历逃难路上的流离失所，亲眼看见侵略者轰炸机的肆无忌惮，使"强国之梦"在他心中显得尤为迫切。

▌1957年初，杨士莪被授予大尉军衔留念

启示七

战点，抓住战点！

　　杨士莪的事业起步阶段恰逢国家大力发展水声科学的"战点"，杨士莪没有推诿退缩，而是以更强的执行力和推动力、更突出的科研能力和职业敏感力迎难而上，以自力更生的志气和勇气，坚持拼字当头，敢于拼搏、善于拼搏。

作者手记：

什么是"战点"？就是值得全力付出去战斗的机会。人生中可能不乏机会、机遇、挑战，但能称为"战点"的机会可遇而不可求，无论对个人还是群体，甚至对国家往往具有决定性的关键意义。一旦遇到，就要一往无前、毫不迟疑地抓住，并为之全力拼搏。杨士莪的拔节成长就与其抓住了发展中国水声学、开创中国水声教育新格局的"战点"密不可分。

"战点"是把所有精力投入到一件事情或一项事业中的"人生能有几回搏"的宝贵燃点。因为这样的机会往往可遇而不可求，是一生中最重要的机会，所以在来临时必然需要当事人全力以赴、勇往直前地将其抓住，才能促使个人或群体事业发生质变。平时积蓄力量，厚积分秒之功，藏器于身，待时而动，一旦"战点"到来，才能以舍我其谁的魄力和迎难而上的担当抓住难得机遇而终有所成。杨士莪的事业起步阶段恰逢国家大力发展水声科学的"战点"，杨士莪没有推诿退缩，而是以更强的执行力和推动力、更突出的科研能力和职业敏感力迎难而上，以自力更生的志气和勇气，坚持拼字当头，敢于拼搏、善于拼搏，从负笈苏联到组织参与中苏联合水声考察，再到创建中国首个理工结合、配套完整的水声专业，最终成长为中国水声科学的奠基人之一，为中国水声科学事业的发展奠定了坚实的基础。

水声学被提上建设日程

新中国成立初期，科学研究事业的家底非常薄弱。全国每1125万人口中只有一个科研机构，每70万人口中只有一名科研人员。国民经济和国防需要的重要学科和一些现代化的科学研究工作，可以说是完全空白。曾在1956—1966年分管国家自然科学和国防工业、国防科研工作的国务院副总理聂荣臻①在回忆录中写道：

> 毛泽东同志说我们是一张白纸，这句话用来形容旧中国的科学技术状况，也是很形象、很适当的，我们发展科学事业就只有这么一个起点。
>
> 建国以后，当我们还在医治战争创伤的时候，世界上一些主要的大国已经实现了现代化，进入了所谓"原子时代"和"喷气时代"。帝国主义敢于欺负我们，就是因为

---

① 聂荣臻（1899—1992），中国人民解放军创建人之一，新中国开国元勋。曾被任命为国务院副总理等，主管国家科学技术工作，领导《1956—1967年全国科学技术发展远景规划》的制定，积极组建导弹、核武器、飞机、船舶、电子设备、人造卫星及其他兵器的研究机构、试验基地和国防科技高等院校。

我们落后。为了摆脱被动局面，我们就得尽快地前进，这就需要大力发展科学技术。

…………

到1956年时，新中国已经走过了七个年头的路程，科学技术事业有了一定发展，已经初具规模。只是围绕经济恢复和生产建设开展了某些研究工作，严格讲，它是属于配合性的。那些系统的、突破性的和独创性的研究工作，特别是一些科学技术的新领域，我们都还没有涉足。

诚然，要在一个短时间内，从无到有地把这些基础建立起来，是相当困难的。但是，人总是要有点精神的，中国人经过几十年奋斗，打出了一个新中国，再经过几十年建设，一定能够把我们的祖国建设成现代化的强国。[①]

这些当时中国没有涉足的科学技术的新领域，就包括水声学。1956年，国家发出"向现代科学技术大进军"的号召，要求国家计划委员会和中国科学院制定1956—1967年的十二年科技发展远景规划，使中国科技工作逐步走上自立的道路，填补空白，摆脱在科学技术方面的落后现状，争取在十二年内接近或赶上世界先进水平。聂荣臻负责具体领导实施。在新中国包括水声科学在内的科技发展史上，聂荣臻是位绕不开的开国元勋，也是对杨士莪的个人命运具有决定性作用的人物。在当时科技力量薄弱的现状下，他采取"将全国的科技力量相对集中、形成拳头、进行突破"的战略措施，使中国的科技战线取得很多突破性的成就。水声等国防科技领域的发

---

① 聂荣臻：《聂荣臻回忆录》，解放军出版社，1984，第611页。

展，离不开他的直接领导。杨士莪后来结束苏联进修，回国后工作单位的敲定，都是在聂荣臻的具体关心下，由其拍板决定的。

原来，杨士莪后来去苏联进修期间，曾作为中方副队长与中国科学院电子学研究所的科技人员一同参加中苏联合南海水声科学考察，他扎实的业务基础、苏联进修的宝贵经验、熟练的俄语水平、遇事科学严谨的态度与随机应变的灵活性给中科院的领导留下了深刻印象。正因发展水声科研急需一个业务领头人的中国科学院，想让杨士莪到中国科学院带领水声科研工作，同样急需人才的哈军工不同意，两家的"官司"一直打到了时任国防科委主任聂荣臻处。聂荣臻了解事情原委后，说道："中科院发展水声需要人才，哈军工发展科研、教学也需要人才，都是为国家的水声事业发展出力，既然杨士莪是从哈军工选派的，就还是回到哈军工吧！"杨士莪也因此回到军工大院，从事水声领域科研和教学，不负单位领导的期望。

制定水声学科发展规划

1956年4月，国务院通过苏联政府，特别邀请16位苏联科学家来华帮助制定"十二年科技发展规划"，并介绍世界科学技术的发展状况和趋势。其中，苏联科学院通讯院士布列霍夫斯基[①]帮助制定了水声学等新技术学科的规划。

苏联是世界上水声学专业开展较早、技术较为先进的国家之

---

① 布列霍夫斯基（1917—2005），水声学专家、苏联科学院院士。他是苏联科学院声学研究所首任所长，以其在海洋声学及海洋物理学上的成就而著名。他建立了分层介质中弹性波与电磁波传播的统一理论，其著作《分层介质中的波》影响广泛。

一。布列霍夫斯基是苏联科学院声学研究所所长、水声学专家，也是杨士莪后来在苏联学习时，给予他最多指导的恩师。布列霍夫斯基在中国访问期间所做的《苏联声学的研究工作》报告中，用近二分之一的篇幅对苏联超声和水声的研究现状进行介绍，强调了近代声学在国民经济和国防上的巨大价值，并指出中国声学迅速发展的一切前提都是具备的。

1956年10月，在六百多名科技工作者的努力下，《1956-1967年科学技术发展远景规划》（简称《十二年科技规划》）起草工作基本完成。该规划规划了要建立重要的、急需的空白及薄弱学科，研究国民经济和科学技术方面的中心问题；提出了国家建设所需的57项重大研究任务和616个中心研究课题；列出了原子能的和平利用、喷气技术、无线电电子学（包括声学、无线电、电子学、半导体技术等）等十二个发展重点。在该规划附件《1956—1967年基础科学学科规划》中强调："在最初阶段要把发展重点放在水声学，使这在国防最迫切需要的科学早日建立起来，其次应特别重视正在迅速发展中的超声学，相应发展建筑声学和电声学部分。"同时，在聂荣臻主持拟制的《关于十二年内我国科学对国防需要的研究项目的初步意见》中，水声与航空、导弹、电子、雷达、常规武器、军事科学、原子、化学防护、国防工程等一道被列入规划发展的主要项目。

该规划中还提到："对于我国与有关国家共同关切的某些科学问题，如共同的自然条件与资源的联合考察等，可以由两国或几国共同进行科学研究……在目前我国科学基础薄弱、干部缺乏的条件下，与外国共同进行研究，应挑选最重要的和最迫切需要解决的问题。"因此，在拟定的中苏122项重大科技合作项目中，杨士莪日后参加的中苏联合南海水声科学考察就是其中之一。

《十二年科技规划》将水声学这门声学的分支学科提上了建设日程，并为其开辟了发展道路。

水声学的世界发展与中国起步

作为自然界中非常普遍、直观的现象，声音很早就被人们所认识，是人类较早研究的物理现象之一。声学是门既古老又颇具活力的学科。无论是中国还是古希腊，对声音特别是音律都有相当的研究。19世纪中叶，声学的基本理论已相当完善。1877年英国物理学家瑞利（1842—1919）发表集大成之作《声学原理》，使声学成为物理学中一门严谨的、相对独立的分支学科，并拉开了现代声学的序幕。

水声学是声学的一门分支学科。它主要研究声波在水下的产生、传播和接收过程，用以解决与水下目标探测和信息传输过程有关的声学问题。声波是目前唯一有效的水下远距离传递信息的载体，到目前为止，只有声波能在水中较好地传播而衰减很小，无线电波、光波等都因为海水强烈的吸收作用而无法远距离传播。水声工程是集物理、电子技术、信息工程、计算机技术、传感器技术、机械工程等多学科为一体，以水声为理论基础的应用声学工程，用以满足海军利用声波进行水下探测、定位、导航、识别、通信等需求。

第一次世界大战末期，德国成功研制出潜艇，给英、法、美等协约国的水面舰艇和运输船只造成了极大损失。如何探测水下潜艇成为协约国军事技术的首要任务之一。协约国先后投入大量人力、物力来发展这项技术。1915年，有科学家向法国政府建议，采用水

下回声测距方案，利用声波在水下探测潜艇作为首选方案。同年，法国科学家保尔·朗之万受命负责实施。

1918年，郎之万研制出石英压电晶体水下声学换能器，进行水中远程目标的探测，第一次可以接收到远在1500米处的潜艇反射信号，这可以说是现代声呐的雏形。第二次世界大战中，德国潜艇曾将英国最大的航空母舰"威尔士亲王"号击沉，几千名将士阵亡，英国举国默哀。后来通过不断改进声呐，探测德军潜艇活动，一旦发现，就发射鱼雷将其击毁，打击了德军的嚣张气焰，保证了军用物资运输船只的安全，在反德国潜艇的大西洋战役中发挥了重要作用。后来，声呐成为各国海军舰船及水下兵器的必备之物。作为一项国防尖端技术，直至今天，水声依然是海军水下探测的唯一手段。

二战后的几十年，水声学得以快速发展。海洋探测和海军的需求是水声学发展的两大基本推动力。目前，这门学科逐渐成为高科技边缘学科，拥有声波在海洋中的传播理论，水声信号作为复杂时变信号的检测处理理论及其硬件设备，水下声学发射、接收换能器及其布阵理论与工艺，各种声学材料的研究等三个主要方面的完整学科体系。

水声学应用的领域也愈加广泛，除了军事应用外，在海底探测、海洋开发、海洋与气象的交互影响、航海、渔业等方面都具有广阔的应用前景。中国北起鸭绿江口，南至北仑河口，海岸线长约1.8万公里，海疆辽阔。可是，这漫长的海岸线却长期处于"有海无防"的境况中。新中国成立时，海防仍旧脆弱，直至20世纪50年代中期，美国的第七舰队和不明国籍的潜艇仍在中国东南沿海游弋。对于年轻的共和国及海军来说，发展水声学，迅速建立起反潜探测系统的水下"万里长城"，具有巩固国防的重要战略意义。然而,对于当时的中国来说，在这方面却是一片空白。即便在整个声学领域，美国当时副博士以上水平的研究人员就有约两千人，而中国只有两位声学家，还都不在水声领域工作,足见在该领域中国的差距。

为填补急需的尖端科技领域的空白，国家采取"紧急措施"，多措并举地促进水声学发展——规划选定合适的工厂，转产研制水声设备；调集科技力量，成立相应的科研单位；在高等学校设置相应的新专业，培养水声领域青年人才。其中还包括一项被认为是最快捷有效的措施，即派遣少量的科技人员到苏联科学院声学研究所学习，掌握新学科基础知识并建立协作关系，回国后促进水声学技术的发展，协助培养大量新的专业干部。

国家召集中国科学院，第一机械工业部造船局、电子局，海军等四个部门，要求各派一人前往苏联进修。被派人员除了政治可靠、俄语基本过关外，还应具有高等学校毕业的水平和两年以上实际工作经验，具有扎实的专业基础和较强的科研潜力，以便在国外能真正学到东西。这批被派人员是1960年中苏关系破裂前，国家向苏联派出的第三批交流学习人员，也是最后一批人员。

中国科学院，第一机械工业部造船局、电子局分别定下了裴莘芳、丁东、张宝昌三位人选。而海军将敲定人选的任务交给了哈军工海军工程系。

在国家科技事业蓬勃发展的大形势下，此时的哈军工正在酝酿"尖端集中、常规分散"的战略思想。

筹建哈军工时，全军只建一所综合性的、为各军兵种培养技术干部的军事工程学院，是针对当时军队技术力量薄弱、各军兵种没有条件同时建立各自高等技术院校而采取的有力措施。随着军事科

技的迅速发展，各军兵种所需技术干部的数量日益增加，学院的任务也日趋复杂、繁重。全军只办一所综合性高等技术学院，无法满足现代化建设的需求，势在必分。随着哈军工教学、科研工作的展开，已逐渐有力量帮助各军兵种建立各自的高等技术院校了，分建的条件已开始具备。1956年5月，在聂荣臻主持的一次会议上，陈赓说："四年前军工筹建时，全国、全军支援我们，现在应该是我们回报全国、全军的时候了。"

因而，学院领导一直在筹划着将学院各常规兵器系和某些系里的常规专业分别交给有关军兵种，帮助他们建立起自己的工程技术学院，而哈军工将集中力量办包括导弹、原子能等在内的尖端专业，为国防现代化培养尖端技术人才。这就是"尖端集中、常规分散"的战略思想。

在这样的背景下，炮兵、装甲兵、工程兵三个常规工程系将被分出，海军、空军工程系中的部分常规专业也将被成建制地分走。其中，杨士莪所在的海军工程系海道测量专业将被划归海军测绘学院。

1956年10月的一天，海军工程系政委邓易非找来杨士莪，询问关于海道测量专业被划归出去后杨士莪的想法和打算。杨士莪表示服从组织安排。邓易非对杨士莪说，经过系里和院里的研究讨论，想派他去苏联进修学习水声。这是国家急需的空白学科，海军把这个宝贵的名额给了海军工程系，考虑到杨士莪的基础较好，决定派他参加学院新专业的建设。要求他除继续承担其当时的课程教学工作以外，同时努力学好俄语，准备改行研究水声。

"水声"对于当时的杨士莪而言，虽然有所耳闻，却是个陌生的领域，他对个人未来的前程完全无从预料。但是杨士莪有个特点，就是在任务面前，从来不讲价钱，也不怕困难。杨士莪的性格顺势达观，所以凡事不强求，顺势而为，处之泰然；他的性格中又有着一股坚毅执着之气，所以认准的道路，即便坎坷，也一往无前。杨士莪认为，既然院、系都已研究讨论并做出决定，虽然对自己来说，专业需要从头再来，但自己也不是没经历过。莫问前程，一往而已！于是，他郑重地回答："没问题！"

改行"水声"

杨士莪从1950年离开清华大学校园起，参加工作7年间，历经几次改行学习，从普通物理到天文测量，再到海道测量，每次改行，都要一点一滴地从头学起，但至此，他终于结束了以改行学习为主的阶段，确定了水声学专业这个为之奋斗终生的专业方向，用杨士莪自己的话说，他是"半道上插队的"。随着工作的深入，杨士莪对自己多次改行的经历，有了更深入的认识，他后来回忆说：

> 每次改行都是从头学起，刚刚学到点，懂得一点，又要改，自己当然也有些思想活动。但后来我逐步体会到，不要认为改行是损失，因为原先学的东西，在新专业里也会有用武之地。比如搞水声要出海实验，我就是因为教授过海道测量的课程，掌握一定的航海知识，知道船长怎么操作船对实验更有利。再比如，此前我教天文学、大地测量，这些对数字计算的要求非常严格，都是精确到小数点后多少位的，这种计算的严格训练，对我其后的工作照样有用。即使在水声这个行当里，也有传播、传感器、振动

噪声、信号处理等不同的领域,因而简单地叫作"改行"并不确切,更应该称作"工作的发展"。

实际上,任何一项工程科技,往往不是单一学科的知识,而是多个学科知识的综合。改行扩大的知识面,对新的工作而言会变成坚实的基础,之前练就的本事在新的领域会获得升华。任何有益的实际工作,都需要掌握广泛领域的知识,一个人过去所学过的东西,能帮助他从多角度去理解新领域的工作,甚至可能摩擦出创新的思想火花。磨刀不误砍柴工,等到自己真正体会到这个客观规律了,也就认识到"改行"的意义和价值了。

▌ 1957年2月,踌躇满志的杨士莪

1956年5月,在"向科学进军"的热潮中,哈军工在全院教师中进行了教衔评定和提升工作。包括杨士莪在内的二百余名助教晋级为讲师。而且，在大部分助教的军衔从中尉调到上尉时，杨士莪则因突出的业务能力直接从中尉破格提到了大尉。1956年3月，杨士莪加入中国共产党。他一生从未放慢追求进步的脚步，在激情满怀的年代里，能够成为一名"又红又专"的共产党员，蕴含着组织对个人的极大信任和肯定，能够成为"先锋队"中的一员，是杨士莪对理想人格的追求，更是优秀的人们争相顺应的潮流。对于杨士莪而言，成为一名"共产党员"，将自己的价值定位在为一个更崇高的目标而奋斗，对他具有更大的激励意义。

喜 结 良 缘

1956年12月14日，杨士莪在军工大院一间向学校借来的房子里，迎娶了性格开朗的妻子谢爱梅，组建了自己的小家庭。谢爱梅（1934—2011）原籍浙江省镇海县（今属宁波市），谢、杨两家本为世交，谢父谢振文是杨廷宝在基泰建筑工程司的第一个学徒。抗战胜利后，谢家举家迁往上海，并在上海创办懋兴营造厂。1947年夏，杨士莪在上海参加大学入学考试时，曾在谢家借宿，因而与谢爱梅相识，其后偶有书信往来。后来两人年纪渐长，情愫渐生，每月一封的书信成为两人的情感寄托，两人在鱼雁往来中相知相惜，爱情在波澜不惊中水到渠成。

在那个年代，恋人间虽不乏浪漫气息，但爱情的浪漫更多地被建设新中国和迎接新生活的热情所取代，两人不但是生活道路上的伴侣，也是彼此职业道路上的激励者和敦促者。也许是因为杨士莪的影响而爱屋及乌，也许是为了与杨士莪有更多共同语言，谢爱梅对物理兴趣日浓，并于1954年考入北京师范大学物理系，毕业后最

初被分配到东北林学院，1978年后调入哈尔滨船舶工程学院工作。

在借来的房子里，夫妻俩的日子过得很简单，两人的性格都很开朗豁达。杨士莪常说："遇到发愁的事，如果你认为发愁有用，也不妨发一会愁；但实际上发愁什么用也没有，所以不如干脆不理它算了。"二人情趣相投，生活幸福。

▌杨士莪、谢爱梅结婚照（摄于1956年）

后来，谢爱梅晚年因病行动不便，往来活动全靠轮椅，上下轮椅时，都要靠杨士莪抱着，二十多年如一日，杨士莪也因此落下了严重的腰疾，但他对老伴的照顾尽量亲力亲为，很少假手于人。孩子们不在身边，在谢爱梅还能行动时，杨士莪常用自行车驮着老伴去医院复诊，有时出差为了既照顾老伴又不麻烦别人，他就将老伴带在身边，二十多年间不离不弃，直至老伴无憾终老。

1957年4月，婚后四个月的杨士莪来到沈阳科学院干部学校进修俄语。此前，他的俄语水平就已经可以阅读专业文献了。1957年10月，杨士莪告别孕妻和亲人朋友，与其他赴苏进修人员一起，坐上了北上莫斯科的国际列车。

1957年赴苏前夕，杨士莪（中排右一）在沈阳科学院干部学校进修俄语

负笈苏联

　　1957年10月，杨士莪乘坐火车在广袤的呼伦贝尔大草原上疾驰，途经辽阔的西伯利亚，历经7天旅程，杨士莪、裘莘芳、丁东、张宝昌终于到达了莫斯科。这些年轻人顾不上旅程劳顿，在住所安顿后，第二天便急匆匆地前往坐落在莫斯科南郊的苏联科学院声学研究所报到。

　　苏联科学院是苏联最高的科学管理机构和最有威望的学术研究机构，被称为"苏联科学的摇篮"。该院最初于1725年在圣彼得堡成立，起名为圣彼得堡科学艺术院，后几经更名，于1925年正式定名为"苏联科学院"。1934年，苏联政府将其由列宁格勒（今圣彼得堡）迁往莫斯科，使其发展为服务国民经济和解决国家建设最

迫切的科学技术问题的科学中心。苏联1949年第一颗原子弹爆炸，1953年第一颗氢弹爆炸，1957年发射人类史上第一颗人造地球卫星，1961年加加林飞向太空，苏联科学院在其中均功不可没。

杨士莪等一批中国青年前往苏联科学院学习的20世纪五六十年代，正是苏联科学院的"黄金期"，不但有来自国家的强大物质支持和保障，而且政治环境相对宽松，来自意识形态的监督和控制相对较少。

苏联的声学研究工作由隶属于苏联科学院物理数学部的声学委员会统筹协调。声学研究所是苏联的声学研究中心，成立于1953年，前身是苏联科学院列别捷夫物理研究所的声学实验室。声学所由一个理论组和水声、超声、声呐设计、舰船噪声四个研究室组成。

苏联对水声学研究相当重视，并取得了显著成绩。在二战期间，苏联舰用噪声站和声呐设备的研制，为打败德国、取得海战胜利做出了巨大贡献。战后苏联研制并装备了现代化水声设备，具有远距探测和长时间目标跟踪的声呐装置。在多年研究积累的基础上，声学所在研究海洋水声传播和环境噪声方面处于领先地位，一些研究成果甚至改变了海洋声学领域常规的概念，并为水声学设备的发展奠定了理论基础。

就是在这里，杨士莪有幸接触到布列霍夫斯基。布列霍夫斯基（1917—2005）是苏联声学研究所的首任所长，他以在海洋声学及海洋物理学上的成就而著名。他早年毕业于彼尔姆国立大学的物理数学专业，后进入苏联科学院列别捷夫物理研究所攻读研究生，并参与关于水声的海军国防项目。1953年，36岁的布列霍夫斯基就已当选为苏联科学院的通讯院士，在1968年成为苏联科学院常务委员会成员，直至苏联解体。

　　布列霍夫斯基广泛深入地研究和建立了分层介质中弹性波与电磁波传播的统一理论，1956年其著作《分层介质中的波》出版，获得了科学界的广泛认可。他一生著有二百余篇论文及十二部专著。这些成果成为声学、无线电物理学及海洋学发展的重要基础。他获得两次苏联"国家奖"、一次"列宁奖"、多枚"列宁勋章"等荣誉，并在1987年被授予"社会主义劳动英雄"称号，以表彰其在科学上，尤其在水声学方面的杰出贡献。

　　布列霍夫斯基对当时的中国科技界来说，并不陌生。早在1956年，他就作为苏联顾问团的一员，来华帮助制定《十二年科技规划》，并对苏联声学研究工作进行过专题报告，在涉及水声领域研究的介绍中，他说：

　　　　超声非常重要的应用是在第一次世界大战时，由法国的学者朗之万首次提出来的。他建议用交流电压加到压电石英片上以得到超声。曾应用这样得到的超声来侦察潜艇。这样就创造出来具有巨大国防价值的水声测位器。现在还利用水声测位器来侦察鱼群，从而简化了捕鱼工作并降低了渔业成本。利用回声器还可以测量海的深度。

　　　　声波是唯一能在水中传播到远距离的能量辐射。任何频率的无线电波在海水中传播上百公尺后就已削弱好多倍了。由于海水的散射很厉害，光波透进海水的深度不超过几十公尺。只有声音才能在海水中传播到很远的距离。这也就使得水下声在很多实际问题上获得了广泛的应用。

　　　　大约在10年以前，苏联和美国的学者们各自独立地发现了一种新的现象——"海洋中声音的超远距离传播"。重

约一公斤的炸药爆炸的声音约在五千公里之外还可以收到并记录下来。声音传过这么远的距离要经过一小时以上。这个现象也是很令人惊奇的，好比我在作报告开头说的一个字，要等到报告完了之后才听到声音。

这个现象可以有各种不同的应用。美国人建造了一个水声站的系统，用来接收飞机和轮船在海洋上遇险时的求救讯号。这个系统的岗哨可以收听数千公里外的微弱爆炸信号的声音。

这个系统还很适于记录水下地震及水下火山爆发的时间及地点。这种地震及爆发常会引起"海啸"——海面上的浪潮。浪潮涌到岸上，会造成惨重的灾害。利用水声系统就可以预先警告居民海啸将要来到，以便采取措施。①

布列霍夫斯基对苏联水声学发展的介绍为当时的中国打开了一扇窗，使中国的科研人员看到了世界水声发展的前景和自身的差距。

声学所除了杨士莪、裴莘芳、丁东、张宝昌四名中国进修生外，还有关定华、冯绍松、笪天锡、史国宝四名到苏联攻读副博士学位的中国研究生。根据专业及学习、工作的经历不同，杨士莪与关定华被分到了理论组，裴莘芳、丁东被分到了水声室，张宝昌、冯绍松、笪天锡、史国宝被分到了超声室。像那个时代到苏联学习的所有中国青年一样，这八名中国青年带着"为国而学"的使命和国家寄予的"强国兴邦"厚望，在声学的广阔领域里积极汲取着相关的信息与知识。

---

① 布列霍夫斯基:《苏联的声学研究工作》,《科学通报》1956 年。

杨士莪（左）与曾同在苏联科学院声学研究所进修的关定华合影（摄于1960年）

布列霍夫斯基的性格严谨认真，他除了在声学所做科研外，还在莫斯科大学担任物理教授，因而，他安排杨士莪等与莫斯科大学高年级学生一起上课，亲自指导杨士莪阅读水声学领域的基本文献，逐步建立起这个中国青年对水声学的认识。杨士莪能够"近水楼台先得月"，得到苏联水声领域的顶尖科学家亲自指点，这是一件非常幸运的事。

靠别人靠不住，也靠不起

作为海军派遣的进修生，出于职业敏感，杨士莪对于国防方面的研究情况格外关注。随着对苏联科学院声学研究所逐渐熟悉，他发现了一个奇怪的现象：声学所除了理论组、水声室和超声室外，有两个研究室的门对中国人是紧紧关闭的：一个是声呐设计研究室，另一个是舰船噪声研究室。因为涉及关键军事技术，所以其对

外方人员始终关闭。

虽然1957年正是中苏关系友好的"蜜月期"，这年的10月15日，中苏刚刚签订《中华人民共和国政府和苏维埃社会主义共和国联盟政府关于生产新式武器和军事技术装备以及在中国建立综合性原子能工业的协定》（简称《国防新技术协定》），但在谈判过程中，聂荣臻就已意识到："苏方对我国援助的态度，在签订协定时就是有所保留的，是有限度的，在新武器装备的科学研究上使我们与他们保持相当的距离，只同意我们仿制苏联即将停产甚至已经停产了的装备，他们正在生产或者正在研制的新装备，是不会向我国提供的。对我国研究、设计、实验工作的援助，也局限在规定的几种仿制型号上。总之，他们想长期使我国处于仿制阶段，处于依附地位，永远落后他两三步……从目前科学发展的趋势来看，技术越发展，保密性就越强，别人即使给一些东西，也只能是性能次先进的技术，唯一的出路只有尽可能吸收国外先进成果，走自己研制的道路。坚持自力更生为主、争取外援为辅的方针，对国防科技工业具有特别重要的意义……自己不钻，不仅不能有独特的创造发明，而且也不能把要到、学到、买到的用于实际和有所发展。"[①]

聂荣臻曾感触至深地说："靠人家靠不住，也靠不起，党和国家只能把希望寄托在本国科学家身上。"

在苏联科学院声学研究所的进修经历，让杨士莪对此更有切肤之感。两扇紧闭的大门，给杨士莪留下了一个深刻而强烈的印象——再好的国际关系，在国防技术的关键领域，依然要依靠自身的努力去开发，想通过从国外学到、购买等方式得到，是绝对不可

---

① 聂荣臻：《聂荣臻回忆录》，解放军出版社，1984，第626页。

能的。

在自力更生的前提下，先学会世界上已有的相关领域的科学技术，然后再在这个基础上继续前进，这是杨士莪为自己设计的科研之路。

1957年的11月17日是令杨士莪难以忘怀的一天。在这一天，他与数千名中国留苏学生从四面八方赶往莫斯科大学大礼堂，怀着热切而崇敬的心情，期盼毛泽东主席的接见。此前，毛泽东应苏共中央总书记赫鲁晓夫邀请，率领中国代表团到莫斯科参加苏联十月革命胜利四十周年庆祝活动，并出席各国共产党和工人党代表大会，因而借此机会接见中国留苏学生。

"世界是你们的，也是我们的，但是归根结底是你们的！你们青年人朝气蓬勃，正在兴旺时期，好像早晨八九点钟的太阳。中国的前途是你们的，世界的前途是你们的，希望寄托在你们身上！"毛泽东这成为历史性亲切嘱托的开场白，几乎被沸腾的掌声淹没了。他纵论天下，旁征博引，提出了"世界上怕就怕'认真'二字，共产党就最讲认真"的名言，教导青年人"应具备两点，一是朝气蓬勃，二是谦虚谨慎"。其用心之诚挚，希望之殷切，令坐在台下亲睹领袖风采、亲聆领袖教诲的杨士莪感佩不已，倍受鼓舞的他与大家将"为党奋斗五十年""为祖国工作五十年"高喊得响彻礼堂。身处苏联科学院声学研究所这个世界水声研究最先进的中心之一，杨士莪求知若渴，对于多次"改行"的他而言，寸阴尺璧，必须只争朝夕。

129

莫斯科生活

作为列宁图书馆的常客，杨士莪将大量时间都花在了这座世界上最大的图书馆里。列宁图书馆藏书丰富，其他图书馆不易找到的数学书，在这里均可找到，帮助杨士莪解决了不少算题过程中遇到的困难。杨士莪将填好的索书卡交给图书管理员，随后这张卡片被盛放在金属盘里，通过气动传送装置，到达图书所在楼层，一辆微型电气平板列车装上"行李"后，行经连接着藏书库的地下隧道，快速在轨道上飞驰，将满载的图书递到读者手中。在知识殿堂里废寝忘食的阅读氛围也让杨士莪越发沉醉于学习的乐趣之中。

▌杨士莪在苏联学习期间挑灯夜读，桌上摆放着家人的照片（摄于1958年）

杨士莪当时每月有600卢布的津贴，相当于人民币120元。为了节省开支，杨士莪自己起火做饭，有时必须在外面吃，也只进最低档的"小食店"，至于高级点的餐厅、饭店，几乎从未去过。杨士莪所住的中国留学生宿舍在第一列宁大街30A号，位于莫斯科北面，他每天到位于莫斯科南郊的声学研究所需要纵贯莫斯科城，即便坐地铁往返，也需两个多小时。吃饭、交通、买书、买烟，一个月下来津贴所剩无几。同是理论组的同事茹科夫曾邀杨士莪滑雪，他虽然非常想去，但因为舍不得买滑雪杖、滑雪鞋等一应滑雪装备，终未成行。

更高的科研水平、更好的科研条件、友好的苏联民众、发达的地下交通、雄伟的俄式建筑……梁园虽好，终非久恋之家。杨士莪深知，在苏联这块土地上，自己只是匆匆过客，他需要拼命汲取有益的东西，赶紧回到自己的国家，去参与自己祖国的建设。他真正能发挥价值的地方，在七千公里外的中国。

陪同中国水声考察团

1958年初夏的一天，客居异乡的杨士莪意外地接到了一项任务——为即将到苏联科学院声学研究所考察的"中国水声考察团"担任翻译。

布列霍夫斯基亲自点将杨士莪承担这项工作，主要出于两方面因素的考虑——杨士莪是俄语水平较高的中国学生之一，他的专业与中国考察团此行目的也更加契合。

几乎在杨士莪负笈苏联的同时，国内水声学的建设也正紧锣密鼓地进行着。自1956年《十二年科技规划》发布后，经过两年的艰苦筹备，声学迎来了"大发展"的历史机遇期。在当时拟定的中苏122项重大科技合作项目中，"中苏联合水声考察"就是其中之一。同年9月，中国科学院成立电子学研究所，设立声学组，随后发展为水声学、电声和建筑声学、超声学三个研究室。中国水声考察团此

行的目的之一正是与苏方商谈两国水声科研协作的事宜。

此时，国内形势发生了很大变化。"大跃进"运动使各领域中很多人的头脑"发热"。在科研领域，出现了一些不遵循客观规律、不循序渐进的现象。面对这种情况，很多科研工作者产生了迷惘和矛盾情绪，关键时刻，聂荣臻牢牢把握住了正确方向，坚持仿制练兵、循序前进。他说："要先学会走路，然后再学跑步。好比爬楼梯，爬了第一层，才能爬第二层。仿制的目的是为了独创，但必须在仿制中把技术吃透，才能够独创。"

实践证明，在当时有外援的条件下，在国防科技领域坚持走从仿制到自行设计的道路，对缩短中国国防科技高端武器的起步阶段十分有利。正是在这样的背景下，为了在水声学领域更好地向苏联学习、更快地赶上世界发达国家，同时将中苏合作切实贯彻落实，中国派出了以中国科学院电子学研究所所长顾德欢为团长的四人考察团。

而苏联也非常急于与中国进行合作，因为他们想了解热带和亚热带海域的水声环境，但缺少热带和亚热带海域的海洋条件。苏联虽有波罗的海、黑海等海域，但它们都位于中、高纬度，无法实现苏联科学院声学研究所的研究目的。而中国南海水域对苏联科学院声学研究所热带、亚热带水域的研究目标来说，是一个最佳选择。

杨士莪陪同考察团在莫斯科仔细参观、考察了苏联科学院声学研究所的研究工作。苏方为表诚意，认为深入谈合作需要邀请考察团到位于黑海边的苏联科学院声学研究所苏呼米水声实验站参观考察。杨士莪随即陪同考察团一同前往。

苏呼米水声实验站本是苏联科学院声学研究所为便于水声科研，专门在黑海边设立的工作站，并专门建造了"谢尔盖·瓦维洛夫"号及"彼得·列别捷夫"号等大型水声考察船和考察潜艇，设立了大型

杨士莪（左）与赴苏进修人员张宝昌（中）、中国水声考察团成员柳先（右）在苏联合影（摄于1958年）

杨士莪陪同中国水声考察团在苏呼米水声实验站考察时留影（摄于1958年）

水声站和水声专用实验设备及现代化实验场，研制了一系列先进的水声物理考察研究仪器和装置，可进行多种实验。后来，苏呼米水声实验站发展为苏联的水声研究所，成为全苏极有影响的综合性水声研究单位和水声学实验基地。

中苏双方约定1959年由中国科学院电子学研究所水声研究室（七室）与苏联科学院水声研究所联合对中国南海进行水声考察。考察目的是取得亚热带水声资料，建立中国水声科研基地。中方提供考察船及后勤保障，苏方派专家协助及提供水声考察设备，所得考察结果共同分析使用。

随着陪同考察团参观的深入，杨士莪越发意识到，这次翻译经历实在是他进修期间的最好机遇。在参观过程中，他不但接触到了水声实际的海上工作，而且看到了大量记录实验结果的水声实验报告。水声实验需要什么设备，实验过程怎样组织安排，怎样通过水声实验现象发现自然规律并从自然规律中获取实验结果……此行加深了杨士莪对水声的理解，也扩展了他对水声实验的认识，对他而言，是幸运的"偏得"。

杨士莪送走中国水声考察团一行，已经是1958年8月，这两个月对杨士莪而言，与其说是一次翻译经历，不如说是对水声学习的再深化和再认识，回到莫斯科后，备受启发的杨士莪开始有意识地拓宽自己在水声领域的接触面，既重视理论研究，又关注水声实验的开展。

担任中苏联合考察中方副队长

随着中国水声考察团的回国，一场"水声热"开始在国内酝酿开来。根据考察团的考察结果，中国科学院于当年8月13日向聂荣臻呈报《建立水声研究机构、水声站的报告》，报告中提出建立水声学研究队伍刻不容缓。鉴于应届大学毕业生已分配完毕，若再等一年，势必延误时机。建议立即从全国重点大学物理系高年级品学兼优的学生中遴选抽调，参加水声研究。

该报告由聂荣臻送邓小平总书记批示，并转呈毛泽东主席和周恩来总理。毛泽东主席亲自圈阅。周恩来总理同意抽调100名还有半年至一年毕业的大学生，提前分配到中国科学院参加水声研究工作，通过实践边干边学。人们把这项措施形象地称为"拔青苗"。这些"青苗"后来都成为中国水声科学研究队伍的重要骨干。

聂荣臻尤其重视对后备人才的培养，他认为："首先要规划好一批重点院校的学科专业，使科学研究需要的人才，能源源不断地按计划得到补充。"为了加速组建和发展水声科研力量，国防科学技术委员会确定将在十余所大学建立水声专业，培养水声专业人才。此外，党中央批准将无锡七二一厂改建成水声工厂，建立海军第三研究所（海军水声科学研究所）。经过数年建设后，国内组建了最早的声学研究队伍，初步形成了教学、科研、生产三个方面的水声发展格局。

1959年5月，苏联科学院声学研究所派人来华了解"中苏联合南海水声考察"实验条件筹备工作的情况，在挑选陪同人员时，中苏双方不约而同地想到了杨士莪。于是，在正式考察开始前，杨士莪就已随同苏方人员在海南岛进行了初步试验，并承担整个过程的翻译工作，经历了一次正式考察前的水声实验"练兵"。

中苏双方商定，第二年一月份可以正式开始考察。中方队长为时任中国科学院电子学研究所七室主任的汪德昭，杨士莪任中方副队长。苏联科学院派出24位专家。中方参与人员近120人，来自科研单

位、高校、部队等，还有刚结束苏联进修的裴莘芳、丁东等。

这支队伍几乎囊括了刚刚搭起的中国水声科研队伍的全部阵容，大家被分为传播、吸收、混响、起伏、水文等几个课题组。对于刚刚走出校门的"青苗"们来说，这是一次"认识"水声的绝佳实战机会。中方队长汪德昭因为腿疾行动不便，无法亲赴南海组织考察，因而把具体组织、协调事宜交由杨士莪处理，这给年轻的杨士莪提供了一个极好的锻炼和展示才干的机会。因为工作关系，杨士莪与汪德昭接触较多，交往也多。早在"中国水声考察团"赴苏考察时，杨士莪就与汪德昭相识，并给汪德昭留下了深刻的印象。汪德昭认为中国年轻的水声研究队伍，需要一名牵头人，以杨士莪的综合条件，无疑是最佳人选，所以一度向聂荣臻提出将杨士莪调到中国科学院。虽然后来未能实现，但是汪德昭始终较为器重和关注杨士莪，对杨士莪的个人发展和学术成长有过不少指导。

▍中苏联合南海考察期间，杨士莪（左）与时任中国科学院电子学研究所七室副主任房少庸（中）、海军第三研究所副所长王朋（右）合影（摄于1959年）

在科研之路上行走，一方面看自身力量，另一方面也在于与谁同行。在国家急需的水声科研之路上，与汪德昭等老一辈德高望重的科学家同行，并亲聆指点、见贤思齐，是杨士莪能够走得更快更远的原因之一。

完成转行"三级跳"

位于海南岛南部的榆林港是中国最南端的海港，也是支持南海诸岛的重要基地和国防要地。1960年1月16日，中苏两国在榆林海区展开了历时85天的水声科学考察。这是中国历史上一场史无前例的考察，是第一次用声波研究这片蔚蓝的海洋。

当时中国人手中关于水声考察的设备几乎一无所有，在短期内完成考察准备并非易事。中国没有专门的水声考察船，海军下达任务给南海舰队，调拨一艘运输舰、一艘扫雷舰到黄埔船厂改装成水声考察船。

杨士莪虚心向苏联专家请教，并留心苏联专家组织实验的过程和处理方法，认真反思和琢磨实验过程。在考察中，遇到了不少连苏联专家也首次遇到、让他们颇感棘手的突发情况，比如为保证必要的声源级，使用炸药包作为非标准水下声源等。

考察工作主要在榆林港附近水深30米到80米的海域进行，还曾接近西沙群岛。在85天的考察中，共出海74个航次，几乎每天都有出海安排。出海去做实验时，不少人忍着晕船的不适，一边呕吐一边继续做实验，直到取得满意的数据才返航。

苏联科学院声学研究所极为重视这次考察，运到中国的实验设备有一火车皮，苏联专家还带了32份在黑海的研究资料，在保密室

里摆着，只允许中方科技人员看，不允许抄。这些专家以及现成的仪器、设备、资料等对于中方年轻的水声科研队伍来说，无疑是一次很好的"留学"机会。在出海的间隙，还请苏联专家讲课，这种水声基础课很受欢迎，每次持续三四个小时，让年轻人受益匪浅。

而对杨士莪来说，从在莫斯科学习水声理论，到苏呼米水声实验站参观的感性认识，再到参与组织、亲力亲为地介入真正的水声考察，可算是完成了转行的"三级跳"。兴奋之余，他也曾沉思，何时中国才能依靠自己的力量进行这样的考察？

杨士莪用了35年的时间回答这个问题。直到1994年，杨士莪以首席科学家和考察队队长的身份，主导了中国人自己对南海的水声考察，使中国人掌握了自己国家典型海域的水声环境特点及主要参数规律。

1960年10月，中国科学院将考察记录整理成8本"中苏南海联合水声考察报告"，并做了初步分析。这是中国第一批水声学研究报告，也是中国水声科研人员的第一项科研成果，指出了中国南海海域若干特殊的水声环境特点。

尽管联合考察的后续合作未获成功，但通过这次大规模的考察实践，锻炼了中国水声科技人员队伍，对中国水声科研的开展起到了推动作用，特别是对20世纪60年代初期中国的水声物理研究从课题设置到实验方法都产生了重要影响。

多年后，苏方副队长马捷波夫写了一本关于中苏联合水声考察的回忆录。他在回忆录中这样描述杨士莪："我第一次遇到杨士莪，是在声学所开始我们的联合考察研究。那时，他似乎是作为研究生在所里学习。他的俄语流利，从一开始就是中方的主要代表之一，和他一起进行了所有我们准备合作的讨论。后来，在实际考察期间，他担任了中方的负责人之一。他是个很聪明的学者、一个很有智慧的人和突出的爱国者。说起话来，总是非常文静并经过周密思考。"[1]

　　杨士莪于1959年11月就办完了结束苏联进修的手续。临行前，苏联科学院声学研究所的同事们送给杨士莪一本苏联油画册作为分别礼物。画册上金色的白桦林、浩瀚的贝加尔湖、教堂的灰墙壁、列宁图书馆的红屋顶，丰富的色彩正像杨士莪在苏联所经历的浓墨重彩的人生记忆。

　　负笈苏联，是20世纪50年代新中国建设的大背景下，时代赋予一批青年人的重大人生机遇。杨士莪有幸成为其中一员，由此注定了他的人生走向，使他后来数十年的岁月与国家需求密不可分。因为站在世界水声研究领域的前沿之地，"站在巨人肩膀上"的杨士莪在两年多的时间中，有了拔节般的成长。

创建首个理工结合的水声专业

　　1960年夏天，杨士莪结束苏联进修返回哈军工。回到已阔别三年多的哈军工，飞檐碧瓦上的啸天虎，朱红立柱的中国气派，久违的军工大院让杨士莪感到亲切而温暖。

　　杨士莪初返哈军工前后，时值国内刚刚掀起"水声热"，水声教育正处于摸索阶段，水声工作的规划布局开始得以落实。哈军工的声呐专业虽是国内水声领域最有代表性的"排头兵"，对声呐也开始有所研究，但师生在湖上、海上试验时，经常发现很多试验现象并非单纯从设备角度就能解释清楚，为此，师生明显感到受已有

---

[1]　马捷波夫：《中苏联合水声考察回忆录》，未刊稿。

専業限制，很有改革的必要性。但改成什么样、怎么改等问题也一直让何祚镛、辛业友、周福洪、王鸿樟、谢钟朝等声呐专业创建者感到困扰。

1960年，杨士莪从苏联回国后，与妻子、长子的第一张合影

而此时的哈军工，也正面临着一场重大调整。从1957年就开始酝酿的"尖端集中，常规分散"的中国军队高等技术院校的战略性大调整，时机已渐趋成熟。

早前，陈赓在给中央军委的《关于调整军事工程学院任务的报告》中提到：今后所需工程技术干部的数量都会增长很快，全军只办一所综合性学院无论如何不能满足需要，势在必分。从现实可能性看，军事工程学院常规武器各系已具有一定规模，分建的条件已经基本具备。报告提出了"尖端集中，常规分散，双方兼顾，照顾尖端"的战略思想，并提出将哈军工的培养目标由"维护使用工程师"改为"研究设计工程师"。哈军工要在几年时间内建成全新的军事工程学院——一所培养目标更高、技术水平更高的军事技术学府，以满足军队现代化建设的需要。

通过在苏联的学习和南海考察的实践后，杨士莪的视野得以极大拓展，经过近三年的观察和思考后，杨士莪向哈军工海军工程系主任黄景文提出了拓展水声专业的建议。这一建议不但是水声学科自身建设的必然要求，也正顺应哈军工新的人才培养目标的潮流，这个时间节点正是水声学科难得的发展机遇。

杨士莪回到哈军工后，根据声呐专业师生的要求，向大家介绍了自己对苏联水声科学发展的了解，同时也向大家宣传自己对拓宽专业领域的想法。他在与大家交流时多次提到：通过在苏联学习水声科学，并参加中苏联合南海水声考察，体会到水声是一个多学科综合性专业，单靠现有的声呐专业，学科发展必然没有后劲，对未来的发展而言非常不利。所以，学院有必要拓宽专业领域，建立一个包括水声物理、水声换能、水声设备三方面，覆盖水声各个领域的水声工程专业。

"水声物理"是水声技术的物理基础，"水声换能"是研究能把声能和电能进行相互转换的水声换能器，"水声设备"解决利用声信号实现水下目标探测、识别、导航定位、水声对抗、水声通信等各项功能设备的研制。"水声物理"与"水声换能"偏于理科，"水声设备"偏于工科，这三个研究方向基本涵盖了水声学科的主要内容，也形成了一个贯通、全面的专业链条。这样，从理论到换能，再到设备，就贯通了这个学科的"上中下游"，形成了完整的水声学科体系。用水声物理、水声换能、水声设备三驾马车，才能更好地拉动整个水声学科的发展，而且这三者的紧密结合是水声技术发展的趋势。如果不这样做，中国就只能一直使用别人的声呐，跟在人家的后面跑，谈何未来的自主发展和创新？杨士莪坚定地认为，只有建立起一个覆盖全面的水声专业，才能更好地创新发展适

合我国条件的声呐装备，赶超国际先进水平。

在此前的教学和科研活动中，哈军工海军工程系的师生们已在工作中多次感到声呐专业的局限。何祚镛曾在《忆我国第一个声呐专业的创建》中写道："当时，经过教学、科研、生产三结合和'真刀真枪'搞毕业设计，声呐专业师生深感我水下观通设备落后于武备的战术技术需求……通过科研生产、湖上和海上试验，深感电子设备课程教学结合声呐专业的改革十分必要。"[1]

杨士莪与师生们坦诚的交流，引发了声呐专业师生间关于专业建设的思考和共鸣，这些充满魄力与实干精神的年轻人达成了一个共识——水声专业的未来发展需要走工程与物理相结合的道路，研究水下声传播的水声物理、水声换能器和声呐电子设备，三者必须配套并重。

杨士莪不遗余力地倡导拓宽专业领域，为了让领导的决心下得更快些，在刚返校的一段时间里，他多次向领导介绍自己的观点。

一天，杨士莪来到时任海军工程系教育副主任慈云桂的办公室，向其汇报自己关于拓宽专业的想法。听了杨士莪的分析，慈云桂问杨士莪："根据国内水声专业的发展情况，你的目标会不会有些好高骛远？这个目标会不会成为一尊'菩萨'立在那儿，让我们拜？"

杨士莪坚定地答道："不立这个标杆在那儿，不向这个方向努力，我们就永远上不去！老话说，取法乎上，仅得乎中，取法乎中，斯得下矣。"

慈云桂表示赞同，并说："陈赓院长说过'革命是从无到有

---

[1] 何祚镛：《忆我国第一个声呐专业的创建》，丛书编写组编《难忘的哈军工》，哈尔滨工程大学出版社，2003，第290页。

的，军事工程学院也可以从无到有'，现在看来，覆盖全面的水声专业也可以'从无到有'，何况学院已经有了声呐专业这个不错的基础了。"

就这样，海军工程系的领导们经过仔细斟酌考虑，同意将声呐专业改为"水声专业"，并报请上级批准。

不久后，声呐专业拓展为涵盖水声物理、水声换能和水声设备三个方面的水声专业，编入海军工程系"水声物理与水声设备科"，代号为"5科"。5科包括水声物理和水声设备两个专业。水声物理下设水声传播和水声换能两个专门化（即水声物理专业下分为两个方向，学生所学内容各有侧重），并从1960年当年就开始招生。1961年，哈军工海军工程系正式成立"水声专业教研室"，下设水声物理组、水声换能组和水声设备组三个学科组，分别由杨士莪、周福洪、辛业友任组长。在水声物理组中，杨士莪、何祚镛与王鸿樟是三根重要支柱。

开创中国水声教育新格局

1960年底，哈军工海军工程系顺应国家对学校人才培养目标转变的"天时"，占据国内水声研究领域高地的"地利"，又逢上有领导支持、下有师生共识的"人和"，开创了水声专业的新格局，在全国建立起首个且迄今为止依然是唯一一个理工结合、覆盖全面的水声工程专业。半个多世纪以来，从这里走出去的人才占据了中国水声科研界的大半壁江山，这里也因此被称为"中国水声工程事业的摇篮"。

拓展专业的决定做出后，最棘手的问题摆在了大家面前——教

师从何而来？

杨士莪想起了此前中国科学院在全国高校中"拔青苗"参加水声研究工作的经验，向领导建议："我们照样可以拔青苗，从我院相关专业的高年级学生中择优抽调扩充教研室，如果他们因为专业差异对水声的知识不够的话，我们可以给他们补课。"

院系领导认为可行，批准扩大水声专业的单位编制，从还有一年毕业的哈军工雷达、声呐等专业的第五期学员中，拔出数棵"青苗"，这些专业背景不同的年轻教员或转投"水声物理"，或转投"水声换能"，杨士莪等人则当起了这些新教员的"教员"，为他们讲授声学基础、传播原理等课程，并带领"青苗"们远赴位于海南岛榆林基地的声学所"南海实验站"参加海上实验，加深专业认识。

数十年后，当年的"青苗"们已成长为水声领域枝繁叶茂的"参天大树"，为我国水声科学的发展做出了卓越贡献。水声工程专家、哈尔滨工程大学教授惠俊英是哈军工第五期声呐专业的学生，也是当年的"青苗"之一，忆及当年的经历时，他说："到1961年，学校决定增建水声物理和水声换能器两个新专业，因教师缺乏，因此'拔青苗'势在必行。所谓'拔青苗'就是从大学选拔学业未满的优秀学生担任教师。我临毕业前一年，就被'拔青苗'留校，任水声物理专业教师。凭着一腔'党叫干啥就干啥'的热血，在与政委进行了五分钟谈话后，我的铺盖就从学生宿舍搬到了教师集体宿舍，从此改学声学。声呐专业与电子类专业关系更紧密，改学声学理论具有一定困难。当时，杨士莪教授为我们这些新教员讲授声学基础、传播原理的课程。老师们要求我们'课前预习'，这种学习习惯培养了我的自学能力，使我能一路较顺畅地学好声学理论，并在三年后为水声物理班开设自编教材的专业课——

'海洋声传播原理'打下基础。"①

除了给普通学员上"水声学理论基础"的课程，杨士莪还为"青苗"助教们讲授"传播原理"等课程，夯实他们的专业课基础，使其能够顺利完成从学员到助教的角色转变。此外，杨士莪还有一项重任在肩——编写新专业的教材。

创业维艰，一切从零开始。所幸当时的哈军工图书馆是国内高校很好的科技情报中心之一，有不少国家的科技书籍和杂志，包括《美国声学学会杂志》、苏联的《声学杂志》等，里面有星星点点的内容可供参考。"杨士莪们"燕子衔泥一般，边教边学、边摸索边总结，逐渐聚沙成塔。在此期间，杨士莪与王鸿樟合著《声学原理》，这是新中国最早的声学理论著作，为中国现代声学和水声理论做出了开拓性的贡献。此外，他还为哈军工海军工程系水声物理专业学员编写了《水声信号起伏》《水声传播原理》《统计传播》等教材与讲义。

20世纪60年代初，在黄景文主任的建议下，水声物理专业的内容被进一步拓展，除了"传播"以外，将舰船的"隐身降噪"也纳入研究范围，设立水下噪声研究方向，以水下噪声源和噪声场的物理规律为主要研究方向，以便更好地为海军服务。

水下噪声和水声换能器这两个专业方向，均是当时国内独一无二的专业设置。杨士莪是拓宽专业领域最积极的倡导者，也是院系做出的这一决定的最坚定的推进者和执行者。他逐步拓宽自身在水声工作领域的涉猎范围，除水声传播外，还逐步涉及"信号传播起

---

① 王鹂燕：《在水声研究领域不断求索——我校水声工程学院惠俊英教授专访》，《工学周报》2013 年 5 月 24 日。

伏"与"水下噪声"领域，并着手编著《水下噪声学》一书，这是国际上最早集中论述水下噪声机理的专著。

这也许是黄景文将杨士莪视为得力干将，特别器重他的原因之一——杨士莪有着更强的推动力和执行力，遇事从不推诿退缩，总是迎难而上。

后来，《声学原理》《水下噪声学》两书，分别于1963年和1964年由北京军事工业出版社出版。这些专著为中国水声专业奠定了坚实的学科基础，也为中国的水声专业培养了第一批专业骨干和年轻教师队伍，至今仍然是水声工程领域研究生和工程技术人员的主要学习和参考文献。

▌1964年杨士莪在第一届全国声学学术会议论文集发表的《声波在随机起伏界面上的反射》学术论文首页

▌杨士莪著《水声原理》（1963年出版）

声 学 原 理

SHENGXUE YUANLI

上 册

王 鸿 樟
杨 士 莪 编著

一九六三年七月

王鸿樟与杨士莪合作编著《声学原理（上）》（1963年出版）

声 学 原 理

SHENGXUE YUANLI

下 册

杨 士 莪 编著

一九六三年七月

杨士莪编著《声学原理（下）》（1963年出版）

　　从1960年院系下定决心拓宽水声专业开始，专业的筹建几乎与招生、授课同步进行。在其后一年多的时间里，从谋划专业设置到培养青年教师，从从无到有编写教材，到万事俱备招收学生，对于杨士莪等水声专业的师生来说，每一天的劳动密度都很大。面对这项开创性的事业，他们目标明确、心无旁骛、快马加鞭，也正因为这种纯粹与简单，这项事业的每一个环节都变得简洁而高效。

水声传播原理

杨士莪 著

哈尔滨工程大学出版社

《水声传播原理》研究生教材

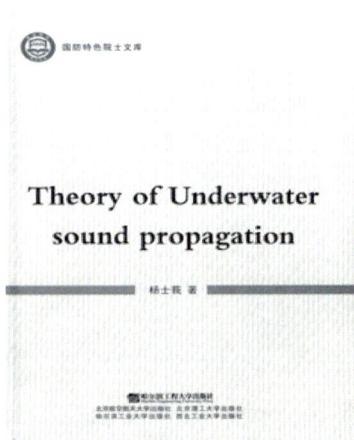

国际特色院士文库

Theory of Underwater sound propagation

杨士莪 著

哈尔滨工程大学出版社
北京航空航天大学出版社 北京理工大学出版社
哈尔滨工业大学出版社 西北工业大学出版社

《水声传播原理（英文版）》

147

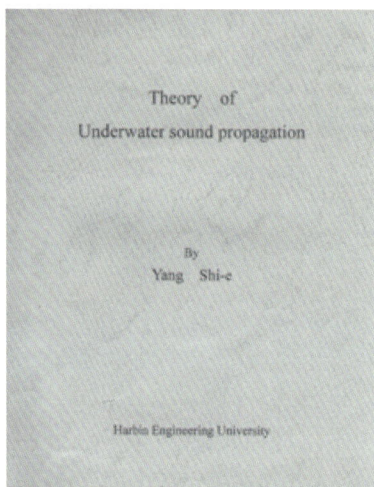

《水声传播原理》讲义

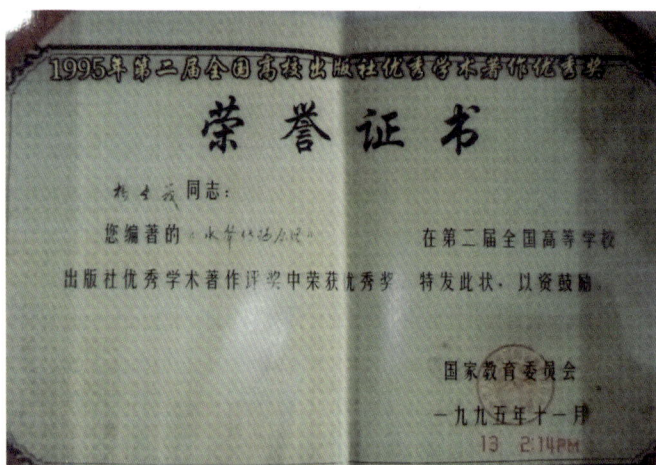

1995年11月，杨士莪编著《水声传播原理》获得第二届全国高等学校出版社优秀学术著作奖

后来，杨士莪还于1994年完成了十万字的水声领域前沿论著《水声传播原理》，获得第二届全国高等学校出版社优秀学术著作奖；2015年，在他84岁高龄时，完成了工业和信息化部"十二五"规划教材《声学原理概要》的撰写和出版。值得一提的是，《声学原理概

要》较全面地反映了杨士莪的学术思想，秉承了他一贯简洁明了的文字风格，简要介绍了声波的基本特性、所遵循的物理规律及分析不同环境条件下声场的基本方法，全书分为八章，虽仅用了62页的篇幅，却可为学习者建立起较清晰且系统的声学基本概念。

《声学原理概要》

　　他把在周培源和布列霍夫斯基处学到的学习方法——"每门学问也有像人一样的一根脊椎骨，找准这根主心骨，并将其掌握，那么就掌握了这门学科的精髓，其余旁逸斜出如肋骨之类的内容自是手到擒来，反过来则是舍本逐末"，作为一种教学指导思想深入贯彻到了教材的编写中，以此有意识地引导学习者体会这种学习方法的精妙之处，在较短时间内建立起对声学的基本框架，并为深入声学其他分支学科的研究打下坚实的基础。

　　这些思想在《声学原理概要》简短的"前言"中有着鲜明体现：

声学属于物理学的一个分支学科，它研究声波的发生、传播、接收和其他各种物理效应。由于声波作为一种弹性波本质的信息载体，只要有物质存在，就可以进行传播，因而可广泛地应用于各类介质环境。声波在通过各种物质的过程中，将与该种物质发生不同的相互效应，从而携带出该物质的一些相关物理特性，因此声波可作为一种强有力的观测、计量或处理手段，现已广泛应用到许多学科和技术领域；而声波所遵循的一些基本规律，与各学科或技术领域的专门知识相结合，形成现代声学的不同分支学科。为了介绍有关声学的基本知识，已有不少中文或外文的声学基础和声学原理类书籍出版；但是，迄今为止出版的这一类书籍或则偏于简单、浅显，不足以用来指导解决有关的声学问题，或则篇幅庞大，未能聚焦于声波基本特性的分析介绍，不便用于建立声学的基本概念，以适应深入声学其他分支学科的研究。

为了节约篇幅，本书侧重于获得最广泛应用的静态介质中小振幅声波的发射、接收、传播和衍射的基本规律，并简单介绍了大振幅声波、运动介质声学的主要内容，以使读者能对声波的基本特性有一个较系统的概念，而不具体地讨论某一声学分支学科的专门问题。若读者需要对声学的哪个领域做深入的了解，可以进一步查找有关方面的专业书籍或文献。①

---

① 杨士莪：《声学原理概要》，哈尔滨工程大学出版社，2015，前言第 1 页。

在杨士莪的倡导和包括他在内的哈军工海军工程系师生的共同努力下，中国水声教育的新局面由此被"别开生面"地开创出来。他们开辟了中国水声专业新的专业化领域，也翻开了中国水声专业人才培养的新篇章。

启示八

在执着坚守中终生求索

  杨士莪对待工作的态度不是将其作为职业，而是作为一项终生全身心投入的事业，在这样的精神状态下迸发出的创造力与意志力使其在前进路上发生的一切困难都变得不足为惧了。

作者手记：

　　杨士莪面对逆境和挫折能够沉得住气、执着坚守而不是盲目固守，根本原因在于对"知己知彼"的理性判断，"知己"是因为对自身价值、事业价值的自信；"知彼"源自对国家发展的信心和对国家需求的准确判断。他始终坚信水声学是满足国家重大战略需求的战场，随着国家整体实力的发展，国家一定会发展海军和海洋事业，能够为国家坚守住这个领域，葆有这一领域的种子队伍，在国家需要的时候站出来，就是"最大的爱国"。为此，所有的坚守和付出都是值得的。时穷节乃见，一一垂丹青。以杨士莪为代表的水声人在国家需要的时候能够勇挑重担，承担起为"东风五号"洲际导弹测量海上落点的任务，在逆境中不断求索，通过国家项目让团队久经磨炼而更加坚韧，这种执着坚守与不断求索形成良性互动，终于将艰难逆境扭转为发展机遇。有志者自有千方百计，无志者只感千难万难。将自身事业定位在更高的价值链条上，杨士莪对待工作的态度不是将其作为职业，而是作为一项终生全身心投入的事业，在这样的精神状态下迸发出的创造力与意志力使其在前进路上发生的一切困难都变得不足为惧了。

　　人们在个人成长和事业发展的过程中不可避免地会遭受挫折和困难，不同的应对方式为各自故事书写了不同结局。杨士莪在面对个人、事业挫折和科研困难时的态度和应对之法，值得我们思考。

"种子队伍"

　　20世纪50年代末至60年代初，国内出现了一阵"水声热"，包括哈军工在内的全国十余所大学参与到水声学科的建设和人才培养工作中。中国科学院先后建立起南海、东海和北海三个水声科学研究站，同时，国家拨出专项经费建立声学实验室、水声测量水池、申报建造五艘水声考察船。研究院所和高校相继展开了一些水声科研工作。在包括杨士莪在内的一众科研工作者和高校师生的共同努力下，水声学在起步阶段抓住了难得的机遇期，水声教学和科研得到了较大发展。

　　但是，持续了三年的"大跃进"运动因为违反了客观经济规律，造成了生产力的大破坏，在三年困难时期、中苏关系交恶等背景下，国家面临新中国成立以来最严重的经济困难，大批工程项目纷纷下马。海军又是尤其需要国家大量投入的军种，短时期内国家都不会有大的投入，很多工程项目更是难以为继，不得已而搁浅。当时，三军武器装备的发展按照陆、空、海的次序，海军排在最后。因为水声学的主要服务对象——海军此时正在困境中艰难前行，对水声人才的需求量锐减，十余所高校中设置的水声相关专业由于毕业生的就业问题也陷入困境，或转做其他研究，或干脆撤

销，逐渐萎缩，最后全国只剩下哈军工等极少数院校坚守了下来。

虽然国家经济困难，水声专业的发展进入蛰伏期，但是杨士莪和水声专业的同事们始终坚定地认为水声研究必然是有前景的，这不仅是因为他们亲手培育了水声专业全面发展的"种子队伍"并身处其中的感性认知，更是基于对水声学未来发展道路的理性判断。忆及往昔，杨士莪说道：

> 尽管当时在科研事业的"国家队"中，水声研究可能是候补队员，但是我始终相信我们一定会有再"上场"的时候，等国家经济好转，就一定会发展海军、发展水声事业，对于这一点，我从来没有怀疑过。如果技术队伍一旦散失，水声事业和海军项目再重新"上马"，面对的困难会更多！所以，我们这支队伍，即便作为"种子队伍"，也一定要留住！

当时，哈军工海军工程系水声专业每年有二十余名毕业生。杨士莪和同事们将这些学生作为宝贵的"水声种子"悉心培育。这些毕业生在毕业后或参加海军，或进入相关研究院所，或留校执教。在数年如一日的坚守下，几乎全国所有水声领域的相关单位都有这些毕业生的身影。数年后，这些毕业生纷纷成长为所在单位的技术骨干。

1962年3月，杨士莪由讲师晋升为三系（海军工程系）三〇六教研室副教授，成为水声专业首批晋升为副教授的教员。在艰难的环境下，杨士莪等水声专业的师生，在保护好自身这支国家水声事业发展"种子队伍"的同时，也悉心培养着水声事业未来发展的"种子队伍"。

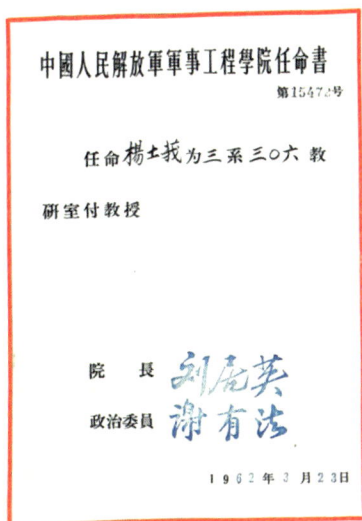

■ 哈军工任命杨士莪为副教授的任命书

后来，在海军工程系全建制基础上组建的哈尔滨船舶工程学院以及再后来的哈尔滨工程大学，在对水声教学及科研领域的坚守上一脉相承，坚定如初。据统计，目前我国水声行业中60%以上的专业技术人员，70%以上的高级专家，都是从这里走出去的。这里也因此成为国家水声事业发展的人才库、专家库和水声技术基础研究中心。

更高的教学要求

在艰难的环境下，如何培养好水声专业的"种子队伍"？如何衡量教学质量？此时已成长为讲台上中坚力量的杨士莪认为，这主要看学生是否有独立工作能力，它包括自学能力，独立思考的能力，综合运用所学知识分析问题、解决问题的能力。结合自己的亲身经历，杨士莪认为"少而精"的教学原则不失为一把开启学生自

主学习能力的钥匙。

这种教学原则实际是对教师能力和水平的更高要求。在具体的教学工作中,杨士莪要求自己尽量做到精写讲稿、精讲内容、精选例题、精留习题。讲授课程核心内容时,概念要讲得非常明确清楚,使学生易于接受;例题要有启发性,兼顾难度和趣味,可以激发学生进一步思考的兴趣;习题的选择既要巩固理论知识,又可借以拓宽学生视野和思路,以达到举一反三、触类旁通的作用。

后来,杨士莪在一次谈及教学方法和学习方法时,曾专门对几种教学方法进行了对比:

> 我国历史上传统的教育方法属于知识型教育,而不属于能力型教育,其不良的发展后果就变成了应试教育。受教育者只不过会背诵一些公式和结论,完成一些照搬照套现成模式的工作,缺乏活学活用的训练,抑制了创造性的发挥。更有甚者,在评卷中按照规定的采分点进行打分,哪怕题目做对了,但没有按照规定的步骤进行,找不到相应的采分点,可能就得不到应该有的分数。这种教育方法是极其害人的。

> 还有一种虽然往往会受到欢迎,但其长远的效果未必良好的教学方法是:教师在课堂上将课程内容咀嚼得非常细烂,学生不需要经过自身的思考,马上就觉得完全听懂了,而实际上缺乏深刻的领会。这时,学生只不过能够跟上教师的思路,照样搬用教师讲授过的问题,而缺乏独立应用所学知识解决不同问题的能力,因而一旦遇到形式不同且较为活泛的问题时,就难以确定应该从何处下手。

可以推荐的一种较好的教学方法是启发式教学方法，教师通过逐步深入地提出问题—进行解答—再深入一步提出问题—再进一步进行解答的方式，使学生在课堂上不断主动思考，最终掌握必要的知识，并同时进行了分析问题方法的训练。

此时，哈军工已是与清华、北大齐名的高校。学员大多是来自全国最优秀的考生，不但要求成绩优异，还要政治合格。入校后，学院对学生的要求非常严格。比如要求学生尽量取得优等成绩，如果前几年的考试成绩都是优等，偶尔有某门课没考到优等，就鼓励学生参加补考，名曰"补优"。学院对学生学业的精益求精可见一斑。杨士莪集中主要精力钻研教学，结合几年来所学所思，教学水平、科研能力、思考深度大有进益。在他看来，在这样的时代背景下，能够有精力钻研自己最感兴趣的业务，潜心教学科研的同时，享受到"得天下英才而教育之"的"君子之乐"，是非常幸运的事情。

最大的爱国

20世纪60年代初，中苏关系破裂后，苏联从中国撤走了全部技术专家。哈军工的数十名苏联专家于1960年8月悉数撤走，此时正值哈军工改建、分建的关键期。苏联专家的撤走，使学院更加认识到"自力更生"的重要性。历史证明，苏联撤走专家却迫使中国更快地在独立自主、自力更生的道路上进入科研攻关新阶段，并获得了良好效果。

而此时，中国水声领域的科研事业刚起步不久，它需要在自

159

力更生中摸索、磨炼和成长。对于科研工作，哈军工明确了作为高校与科研单位的区别，提出以教学为主，以科研、生产为辅，三者密切结合的"一主、二辅、三结合"的方针，鼓励教师以教学为中心，积极开展科学研究。此时，在哈军工水声教研室内部，关于科研方向产生了两种截然不同的看法。在教研室展开的讨论中，有的水声设备专业的教员认为：既然我们的专业是搞水声设备，而水声设备中最主要的是声呐，那我们应该将"大型声呐系统"的设计研究作为主要科研方向。"抓大放小"才能使有限的精力和物质保障条件都用在刀刃上，才能更容易出成果。这种看法在教研室有一定代表性，持此观点的教员为数不少。

而杨士莪等另一些教员却不以为然。杨士莪认为：

一方面，相对于院校来说，国内专门的研究所对于大型声呐的研究设计更有优势，这样的任务很难落到院校手中。在现在的科研形势下，如果不是这样大型声呐的任务我们就不干的话，我们可能就没活可干，时间久了，专业队伍就可能会逐渐萎缩；另一方面，水声领域本身也很广阔，我们大有可为，所以从拓宽专业面的角度讲，我们也要大胆尝试，勇于开拓新的方向，不要说大型声呐系统，即便是其他的水声设备，哪怕不是关键的设备，只要我们力所能及的项目，就要去做。专业面拓展后，每个教员都有各自的专长，海军等水声学的主要服务对象都可以在我校找到能够解决相应问题的人，这样，水声学科才能越做越宽，学科的发展才能更有后劲。不但要看眼前的大型声呐系统的发展，还要把眼光放长远，看未来水声学科和学校专业的发展。

杨士莪的主张初步统一了大家的想法——这支队伍的科研工作不能仅是"抓大放小"，而要敢于"面面俱到"，擅长"各个击破"。杨士莪始终坚定地认为院校在承担基础、应用基础研究和零星非标准设备研制方面更有优势，专业要发展，教师水平要提高，都需要在科研实践中锻炼成长，能抓到大项目当然好，但也不能放过这一领域其他项目对这支"种子队伍"的锻炼机会。这也是他面对事业困境时为了保留水声科研"种子队伍"的路径选择，先让团队有事可做、能够生存下去，再图后续发展。

热烈讨论的背后，不仅是对哈军工水声专业科研方向和道路的不同选择，也是对中国水声科研发展方向的选择和预测。在后来的几十年中，水声专业的师生在这个领域放开眼界、广泛搜寻并潜心钻研，形成了多波束测声仪、声靶、图像声呐、水声定位系统、减震降噪技术、矢量传感器技术、水声通信等不同的科研团队和研究方向，虽然这些科研团队各有所长，各就其位，但是握起来就是有力的"铁拳头"。

多年后，哈尔滨工程大学水声工程学院发展为国内水声领域人才培养和科学研究的"翘楚"，追根溯源，都可上溯到20世纪60年代杨士莪等一批水声专业师生对科研道路的选择和坚守。

值得一提的是，在这一时期，杨士莪等教员经历了一次对水声科研再认识的"飞跃"，杨士莪称其为"中国水声行业的第一次突破"：声呐的发明虽远早于雷达，但海洋环境的复杂性使声呐的发展在某些方面远滞后于雷达。当时，人们对声呐所知甚少，只认作是"水中雷达"，所以很多时候按照雷达信号处理的办法进行声呐

信号处理研究。有一次，哈军工水声专业的一位教员在实验室里用高斯噪声做设备信号处理的仿真模拟，实验效果非常好，可使信噪比提高三十多分贝，可是真正拿到海上一看，连三分贝收益都得不到，根本不好用。

大家经过分析后认为，水声干扰和无线电干扰是两种性质完全不同的干扰，水声环境比雷达所处的环境复杂得多，海洋是上有海面下有海底的双界面非均匀介质空间，比大气复杂得多。因此，不能照搬雷达的做法，而必须考虑水声自身的特点。同时，实践再次证明研究海洋信道对水声学科的重要作用和拓宽水声学科的必要性。峰回路转后，大家的科研思路豁然开朗——水声科研有自身的特点和规律，很多时候不能照搬套用其他学科的方法，而要结合学科特点摸索其自身的科学规律，走自主创新的路。水声技术更为复杂的另一个佐证是：从20世纪70年代起，国际上出现了"高技术"这个名词，在美国，雷达不属于高技术，而声呐则被列为高技术的范围。

1965年，中国物理学会声学分科学术会议合影（杨士莪位于中排左二）

　　杨士莪回想自己在20世纪60年代的科研工作时说："虽然因为国家经济形势的原因，项目并不多，但是我们那时并没坐'冷板凳'，而是一直让自己有事干，只不过事情大小罢了。"在教学、科研实践中，杨士莪逐渐成长为哈军工水声专业的学术带头人。在这个过程中，他始终坚定不移地相信："水声学依然是满足国家重大战略需求的战场，而这支水声队伍就是驰骋在这个战场上的'国家队'。所以，所有的坚守和付出都是值得的。"他认为，坚守住这个领域，能在国家需要的时候站出来，就是"最大的爱国"。

未卜的前途

　　经济困难的特殊时期，能够吃饱肚子变成了大多数人的迫切愿望。由于哈军工的特殊地位，国家和地方政府给予其粮食和物资的特别照顾。哈军工尤其对老教师、老干部和学生三种人给予特别优待。当时学院有个小赵家农场，从事养殖、种植，以自给肉、蛋、蔬菜等，六级以上的老教师和中校以上的老干部可每人每月分配一斤半猪肉和一些鸡蛋，被戏称为"肉蛋干部"；大尉级的讲师和大尉以上的干部，每人每月分配几斤黄豆和二斤糖，被戏称为"糖豆干部"。

　　1961年夏，杨士莪夫妇终于搬进了学院分给的筒子楼宿舍里，结束了因为没有住房，夫妇俩寄居在叔叔家、长子寄养在南京爷爷家的两地生活。虽然只是20平方米的"蜗居"，但夫妇俩终于有了属于自己的家。

　　这时的杨士莪已是一名"肉蛋干部"。1962年4月，杨家再添新丁，杨士莪的次子出生了。谢爱梅因为整个孕期和产后都营养不良，身体虚弱。杨士莪的二婶特意送来一只家养的灾年小公鸡给谢爱梅滋

163

补身体，但这只鸡从出生起就几乎没见过一粒粮食，全靠自己在外面找食草籽，精瘦无比。杨士莪甚至将它炖熟后剁成肉末，也依然嚼不动。他给次子取名"杨本坚"，在物质条件极度贫乏的年代里降生，能够"坚强"地活下去，成为杨士莪对孩子的最大祝愿。

▍1961年2月，杨士莪夫妇与家人合影

　　具有开创意义的哈军工，在她把肩负国家命运视为己任的时候，政治风云的变幻莫测却成为她意想不到的束缚。教学与运动的斗争浪潮，一直持续到哈军工时代的最后一刻，在此期间，杨士莪也不得不被裹挟着前行。1965年9月，哈军工"改制"为地方院校。1966年4月1日，对哈军工而言是一个特殊的日子。在这一天，哈军工所有的干部、教员、学生，在校园里默默地摘下了代表着军人身份的帽徽和领章。"哈军工"正式退出军队序列，全院军人集体转业，学校改名为"哈尔滨工程学院"。一夜之间，杨士莪结束了16年的军人生涯。改制使"哈尔滨工程学院"元气大伤，部分办学资源被并入第二机械工业部、第三机械工业部等单位，学院的学科力量被大大削弱，所幸杨士莪所在的海军工程系并未受太大影响，教学与科研力量并未流失。

从1960年杨士莪返回哈军工，到1966年哈军工退出军队序列、成为地方院校，历经6年的摸索与建设，几乎凝聚着杨士莪等师生全部心血与希望的水声专业已经初具规模。在汹涌的政治浪潮下，面对未卜的前途，杨士莪对自己说："遇到发愁的事，如果发愁有用，也不妨发一会儿愁；但实际上发愁什么用也没有，所以，不如干脆不理它算了。"

山 雨 满 楼

在频繁的政治运动中，刚刚脱下军装的杨士莪面对突然改制后的学校，还未及梳理、规划自己未来的教学、科研工作，一场轰轰烈烈的"文化大革命"接踵而来。"文化大革命"风暴很快席卷到哈尔滨工程学院，学院被迫停课，各级党组织完全瘫痪。

"文化大革命"初期，杨士莪一直处于"候补待批"的状态。直至1968年5月，杨士莪因为负笈苏联的经历，作为"苏修特务"被关进了"牛棚"隔离批斗。他白天参加修暖气道、砌院墙等"劳动改造"，晚上与其他"牛鬼蛇神"一道押入"牛棚"进行"精神改造"。"牛棚"位于一幢集体宿舍的一楼，窗户用大木板钉上，上厕所要喊"报告"，由红卫兵押送；晚上没收皮带、鞋带等，以防逃跑或自杀；集中统一就餐，只允许买五分钱以下的盐水煮大头菜。

此时，杨士莪的家人也在凄风苦雨中苦苦支撑。1968年4月，杨士莪的三子出生。孩子尚未满月，杨士莪就被关进"牛棚"、隔离批斗，妻子谢爱梅带着三个孩子艰难度日。谢爱梅为三子起名"杨

本昭","昭"为彰显、光明之意,母亲希望这孩子能像黑暗中的一抹光亮,为家庭带来希望和光明,希望丈夫能早日得以平反,一家团聚。

后来,有位友人与杨士莪聊起"文化大革命"的遭遇,跟杨士莪分析罪名"利弊"时说:"塞翁失马,焉知非福。在当时的形势下,你如果不作为'苏修特务'被批斗,就得作为'反动学术权威'。如果罪名是'苏修特务',将来随着落实政策,罪名自然也就没有了;但如果作为'反动学术权威'的话,因为你难免说过些错话、做过些错事,将来落实政策时,罪名反而难以彻底消除。"杨士莪后来的经历也证明这位友人的分析不无道理,在当时的政治形势下,两害相权取其轻,"苏修特务"这项罪名的帽子对杨士莪而言,已是一大"幸运"了。

▌1970年2月,家庭合影(前排右二为杨廷宝、前排左二为陈法青、后排左一为杨士莪、中排左一为谢爱梅、中排居中为杨士莪长子、前排左一为杨士莪次子、前排居中为杨士莪三子)

北大荒边宣队

1969年春节前的一天，杨士莪"获准"结束隔离审查，可以回家了。在被隔离审查期间，他一直心里有底：作为一名科技人员，自己恪守本分、一心为国，"苏修特务"这项莫须有的罪名迟早会被洗刷。因为并未查出实质性问题，杨士莪作为"苏修特务"被隔离批斗九个月后，终于重获自由。虽然他随即进入"牛鬼蛇神学习班"，学习毛主席著作，以继续改造思想、检讨"错误"，但终于可以与家人团聚。

1969年，海军工程系第二期毛泽东思想学习班毕业与工人师傅合影（杨士莪居中排右四）

五个月后，黑龙江省革命委员会组织"赴边疆毛泽东思想宣传队"到边疆县乡宣传毛泽东思想，帮助基层整党建党并参加农业生产劳动。学院组织数百名教工参加了边宣队。其中，杨士莪等海军

167

工程系教员被派往位于黑龙江省东北部的富锦县（今属黑龙江省佳木斯市）等地。杨士莪虽然已在东北地区生活近二十年，但此前主要生活在城市中，还从未如此亲近地置身在这片粗犷的黑土地上。他与同事及当地老乡组成"毛泽东思想宣传队福来大队小组"，在宣传毛泽东思想的同时，业余参加生产劳动。他与老乡们同吃同住同劳动，过起了"面朝黄土背朝天"的农村生活，锄草、收割……曾经习惯拿粉笔的手拿起了镰刀与锄头，劳累的农活让他过得简单而充实。晒得黝黑的皮肤，嘴里的旱烟叶子烟锅，使他俨然成了一位地道的农民。在福来大队工作了七个月后，杨士莪结束边宣队的工作，返回哈尔滨。

杨士莪平和达观的性格使他能屈能伸，适应各种环境。昂头是为了吸收正面的能量，低头是为了避免危险的冲撞。能屈能伸，方能顺利长远，这种性格无形中也成了他在那个特殊的年代里，对自己的最大保护。

在回首这段经历时，杨士莪说：

纵观我的一生，客观地讲，我应该承认自己的幸运。虽然我也挨过批判，受过挫折，但对我来说，那些相当于小树成长过程中的修剪。有时候反面教育的教学效果也许比正面教育的效果好。小孩不摔跤就学不会走路，只是不要摔完跤爬不起来就行。人的一生不能一帆风顺，没受过挫折、没经历失败的人也成长不起来。正像孟子所说的："故天将降大任于斯人也，必先苦其心志，劳其筋骨，饿其体肤，空乏其身，行拂乱其所为，所以动心忍性，曾益其所不能。"人们要受到各种各样的考验和锻炼，我们要正确地认识这些挫折和失败，然后吸取经验教训来改造自己、提高自己。

自20世纪70年代起，正是很多国家在深化第三次工业革命中经济起飞或持续发展的时期。但由于"文化大革命"的影响，中国与发达国家之间的差距被拉得更大，失去了一次发展机遇。这场由文化领域发端的"大革命"，对教育、科学、文化的破坏尤其严重，影响极为深远，在较长一个时期内造成了文化、科技和人才断层。它从反面为国家建设提供了历史借鉴。正如邓小平所说："我们根本否定'文化大革命'，但应该说'文化大革命'也有一'功'，它提供了反面教训。没有'文化大革命'的教训，就不可能制定十一届三中全会以来的思想、政治、组织路线和一系列政策。"[1]

杨士莪一直很欣赏曾与他一样被批斗的"白专典型"、后来成为船舶水动力学领域权威、哈尔滨工程大学终身荣誉教授的戴遗山对"文化大革命"遭遇的认识。有一次，一位友人与戴遗山聊起当年被揪斗、批判的经历，友人问他如何理解被批判斗争的经历。戴遗山微笑着轻描淡写地说："就像演戏时，被指派当反面角色，要注意演好自己承担的角色，反正卸妆以后，原来是什么，还将是什么。"

杨士莪对此很赞同。时穷节乃见，一一垂丹青。不管在什么境遇下，杨士莪对自己和未来都充满信心，他的性格中有着豁然达观的一面，这使他在面对厄运时，也能走得泰然平顺。

---

[1]　邓小平：《邓小平文选（第三卷）》，人民出版社，2001，第272页。

1993年9月1日，哈尔滨船舶工程学院院庆四十周年，杨士莪（前排左三）与学校老领导、教员合影

命运的笑脸

1970年上半年的一天，系领导向杨士莪征求个人意愿，让他承担718工程27分系统的工作。了解该工程的背景后，杨士莪深知这是一项规模宏大、对国家意义重大的工程，能有幸参与相关科研任务，杨士莪感到惊喜交加。他毫不犹豫地答应了下来。回想这段经历，他感慨于自己的幸运，因为当时正处于"文化大革命"之中，国内政治运动频繁，而杨士莪和他的同事们在国家力量的保障下，能够参与这项国家工程，他们的宝贵时光没有被继续浪费下去，而是能够在"战斗"中提高和成长。所以，他们满心欢喜地投入新的"战斗"中。

投身研制"东风五号"海上落点水声定位系统

杨士莪等人即将投身的，就是中华民族创建的辉煌伟业、举全国之力发展的"两弹一星"事业中的一部分——为我国自行设计研制的"东风五号"洲际弹道导弹全程飞行试验而研制的"海上落点水声定位系统"。

20世纪60年代，中国第一枚近程导弹、第一颗原子弹、第一颗氢弹相继成功试射，并决心发展洲际弹道导弹。导弹全程飞行试验用于检验洲际导弹是否能在飞越长距离后，将弹头准确地投送到打击目标。为了验证其实战性能和精准打击能力，必须确保有足够的空间距离来进行这样的测试。全程飞行试验同时也是洲际导弹定型的一个重要条件，是整个导弹试验的最高潮，实验距离应在8000公里以上，超过中国陆地国土范围，因而靶场只能选在公海大洋海域。

718工程27分系统就是指为"东风五号"测定落点位置和入水时刻的"海上落点水声测量系统"，是一个由11个分机（子系统）和多个重大课题组成的复杂系统。

虽然国内当时科研、教育事业都已遭到了巨大破坏，杨士莪所在的原海军工程系的水声专业早在几年前就停止了教学、科研活动，但是教员队伍基本没有散失，科研基础犹在，是国内这个领域的最佳选择。"27分系统"属于零星的非标准工程，国内当时又缺乏相应技术储备，有的单位不愿意领受此项任务,国防科委于是找到了原哈军工的水声专业。

方 案 初 定

准确测量弹头落点位置、落水时刻,打捞数据舱是全程飞行试验必须解决的关键性问题。弹头在海上的落点位置和落水时刻,是考核导弹射击精度的两项关键指标。"海上落点水声测量系统"相当于在茫茫大海上铺就一张隐形"靶纸",以准确测出弹头的落点位置与落水时刻。在浩瀚的大海上想建立一个如此精确的标尺并非易事。

美国的洲际导弹从发射区、航区到落区,有很多自己控制的岛屿,跟踪测量设备就安装在沿途这些岛屿周边。因此,美国采用在岛屿附近、海底布设声呐阵的方式,用声呐阵进行导弹落水位置和落水时刻的测量。而中国限于客观条件,国外的靶场技术没办法照搬,所以科研人员必须想办法开发出自己的、便于使用的系统。

杨士莪作为27分系统的总体组组长,是技术抓总负责人,需要敲定总体方案、设定分机技术指标及协调各成员单位的工作。从制定试验方案到组织调试器材,他既是这个分系统的"总设计师",又是项目的"大管家"。虽然杨士莪也是首次接触这个任务,但通过中苏联合南海考察以及后来多次海上试验的经历,使他有信心带领大家完成此项任务。

千头万绪,从何入手?杨士莪心想:导弹落水的时候,总会"扑通"一响,暴露其落点和落水时刻。循"声"而去,就可完成"落点水声测量系统"。要想完成这个任务,只需解决两个问题,一个是知道导弹溅落声是什么样的,另一个是应该采取何种手段获得目标落水点及落水时刻的声信号。也只有解决这两个问题,才能确定总体方案、研制仪器设备，并通过反复试验，最终完成系统研制。

项目组从研究高速物体击水声信号入手，通过成百上千次高速弹头击水声音的测量，结合理论分析归纳出"高速物体击水声经验模型"，从而为总体方案的制定提供了初步依据。至于如何采集声音，项目组采用"水面浮标式无线电定位方案"，即利用分布在海面上的浮标，当各浮标上的水听器收到弹头击水信号后传送到工作母船，据此得到弹头击水时刻和落点位置。

试 验 受 挫

经过四个多月的准备，1970年7月的一天，杨士莪率项目组到南海进行"27分系统"第一次海试。海上无风三尺浪，几艘护卫舰在祖国海区颠簸前行，试验的挫折接踵而至。当一个个浮标被放到海面上，试验弹爆炸后，由于种种干扰，浮标系统却无法精确地测出爆炸点位置。

杨士莪将大家召集起来，安慰有沮丧情绪的同志说："实验的目的在于验证原有的设想，证实了原来的设想固然可喜，但如果否定了原来的设想，未必就是失败，毕竟我们证明了浮标方案的不可行，这也是一项进步。现在的关键问题是，我们下一步应该选择怎样的方案。"

在大家议论纷纷中，一位年轻的实验员大胆地提出采用"坐底声呐"的方案。"坐底声呐"是一种放置在海底的声呐，它接收到外部声信号后，将信息传递给水面母船，以完成水下导航或水声测量等任务，属于一种长基线水声定位法。其实，坐底声呐是早前大家讨论总体方案时，因对深海环境不了解，担心没把握而被排除掉

的选项。使用坐底声呐需要考虑到海底环境、接收信号向母船传送的途径以及海水压强等多种因素。

杨士莪分析："浮标方案"的失败是因为海浪的影响，如果将声呐设备沉入海底，那设备的位置就可以固定不变，声呐收到爆炸声信号后再传递到母船上，来测定弹头的落点，许多干扰因素将可被排除。坐底声呐有自己的独特优势，而它的劣势是处在我们所陌生的深海环境中，这个劣势需要通过深入的研究和实验来解决。最终，杨士莪决定尝试"坐底声呐"的方案。

在回顾27分系统研制过程时，杨士莪曾说：

自中苏关系破裂后，中国发展科研事业始终强调独立自主、立足国内。研制27分系统还是在"文化大革命"期间，整个国内生产秩序比较乱，我国电子技术的水平也不高，元器件性能不稳定，中、小规模的集成电路性能很差，而分系统指标要求又相当高。如何用国产的元器件，在国内进行加工制造，又要保证必需的性能指标，真有点像用"泥巴"和"稻草"盖房子，想达到和国外用"钢筋"和"钢化玻璃"盖房子一样的效果，这在当时是一个很大的技术难点。通过这项工作，我们获得了很大锻炼，而且通过与工厂的合作，也学到了不少东西。开始的时候，我们的同志到工厂去，总觉得工厂有些做法的思路不好理解。譬如说一个器件，如果性能是1，为了保险起见，用到整体性能的6分、7分总该是可以的，但是工厂只用到3分、4分。这是由于当时的电子元器件性能很不稳定，虽然采取了抗老化、筛选等一系列的技术措施，但为了使做出来的元器件性能比较稳定可靠，保险系数就必须留得足够大。我们开始干的时候，都没有经验，通过实际工作，我们的同志学到了不少东西，得到了很好的锻炼和提高，在以后承担其他科研任务时，这些经验仍将是十分宝贵的。①

正入万山圈子里，一山放过一山拦

项目组在完成坐底声呐试验样机后，问题接踵而来——当坐底声呐投放到数千米深的大海中时，它并非垂直降落，而会受到横向力的作用倾斜下降，难以确定它的准确落底位置。杨士莪想出了一个"盲目投弹法"——当坐底声呐沉入海底后，在其可能的位置周边海域随机投放若干声弹，记下各声弹爆炸点的地理位置,并在母船上接收坐底声呐收到爆炸声后转发的信号，算出坐底声呐的位置。

1971年5月，杨士莪和同志们重整旗鼓后再战南海。众人将坐底声呐投放入海，待其着底，进入工作状态，随后引爆其入海处周围的手榴弹。每爆炸一次，示波器上的信号就跳动一次。这是坐底声呐发自海底的信号，它可以清晰而准确地回应每一次手榴弹的爆炸，向人们显示其精确位置和排列阵型。

"盲目投弹法"初战告捷。向海底投放坐底声呐是为了测定导弹的落水时间和地点；坐底声呐的位置又反过来通过海面的爆炸声来测定——这种"反弹琵琶"的妙法，正是杨士莪用科学的头脑成

① 蒋辉：《声波在大洋下纵横：杨士莪院士访谈》，《舰船知识》2006年第1期。

功实现了科学上的艺术创造。这次南海实验验证了坐底声呐的可靠性。研制组决定将采用"坐底声呐"作为首选方案。

1974年，27分系统第三次在南海实验，进行系统联调。杨士莪后来忆及此事时说：

> 采用坐底声呐方案，破除了我们此前对深海水声设备的怀疑和迷信。这件事也告诉我，要正确对待已有的知识，而不要被经验所限制，要想有所创新，必须打破对原有条条框框的迷信束缚，敢于试探新的领域。任何创新的科研工作，都不可能是一帆风顺的，只有树立坚定的决心和信心，并善于总结失败和挫折的经验教训，坚韧不拔、勇往直前，终能获得希望的结果。①

海上实验，经常会出现各种各样意想不到的情况，让杨士莪备感欣慰的是，每当遇到新问题，大伙一门心思、群策群力地想办法，那种为了一个共同目标竭尽所能的精神状态，给杨士莪留下了深刻的印象，并将这种精神状态保持在其后的科研工作中。

在实验过程中，有不少令杨士莪印象深刻的小插曲。有一次，研制组做关于坐底声呐的海试。前一天还很顺利，但第二天一大早，发现用来传递坐底声呐信号的无线电浮标不见了，只剩下一个用作系留装置的断锚。浮标丢了，此事非同小可。海军基地派出直升飞机搜索，但是在茫茫海面上寻找一个浮标，犹如大海捞针，难度可想而知。

---

① 杨士莪：《杨士莪访谈》，2015年11月16日，资料存于采集工程数据库。

　　杨士莪分析浮标应答信号的强弱变化，并考虑当地潮汐和海流情况，初步估计浮标应该会向北漂。于是建议让船向北边开，果然发现浮标发出的信号变强了。但是究竟是正北，还是北偏东，抑或北偏西，因为船上没有定向仪，因而无法准确定向。大家群策群力，一起想办法。一位小组成员找到杨士莪，向杨士莪建议："船上的天线附近有根烟囱，我们发现天线被烟囱一挡，在接收信号时就有了方向性。我们可以让船转一个圈，看在哪个方向上接收的信号最强，就朝那个方向去追。"

　　杨士莪当即同意，决定按照这个办法尝试解决该问题。于是，这条实验船出现了一个有趣的景象：实验船开一段，停下来转个圈，一名工作人员报出实验船转的角度数，另一名工作人员同时报出信号强度，从而判断出浮标漂移的大致方向，如此反复了数次，最终找到浮标，真是有惊无险。

　　回想起当时的情景，杨士莪深有感触地说："大家都想把事情干好，出了事都积极地在想办法。大伙心往一块想、劲往一起使，当我们自己把那个浮标捞上来的时候，不少人发出了胜利的欢呼，一颗颗悬着的心，也终于放下了。"

　　"莫言下岭便无难，赚得行人空喜欢。正入万山圈子里，一山放过一山拦。"南宋诗人杨万里的诗句，恰如其分地表现出了科研工作就是不断与困难做斗争的哲学意味。到1976年时，杨士莪率项目组完成了总体方案和部分分机的试制工作。但在执行任务前不久，上级将导弹溅落海域海深加深3000米。这意味着原定"坐底声呐"方案被彻底推翻，要再次另起炉灶。

　　从接受任务算起，经过几年实践锻炼，数次突发状况考验，杨士莪等人已经能够处变不惊了。针对提高的指标，在时间紧迫的情

况下，项目组很快提出了一套"应急方案"——船载水声测落点技术方案，即采用多船携带设备形成声接收基阵的定位方式，各船均装有定位系统，可以解决自身定位的问题，根据不同船上水听器收到的导弹落水声信号，联立解算出导弹落点位置和时刻。

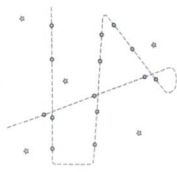

▌1977年4月，杨士莪在《水声通讯》期刊上发表论文《海底基阵三度空间相对位置测定的一种方法》，该文就是针对测量导弹海上落点这一实际科研项目形成的成果

对应急方案的评审由时任国防科学技术委员会副主任的钱学森亲自主持。钱学森详细询问了弹头落水声如何从水面到达接收的测量船只、传播时间如何计算等问题。杨士莪站在黑板前面，一边画示意图一边进行解答。评审组认为该应急方案可行。不久后，杨士莪专程赴京向钱学森汇报应急方案海上实验相关事宜。因为海上实验花费巨大，而国家正是经济困难的时候，钱学森就海上实验是否可以从简征询杨士莪的意见。杨士莪认为：虽然相关海试已进行

过几次，但是应急方案还未经过实验的验证，海上会有各种突发状况，不经实验验证，就没有百分之百的把握。钱学森表示认同，同意杨士莪安排应急方案的海试。杨士莪后来回忆与钱学森的接触时，感慨地说："钱学森是一位真正的科学大家，不但学识令人佩服，而且非常好相处，非常平易近人，没有半点架子。"

1979年，杨士莪带领项目组四战南海，进行"船载水声测落点技术方案"的联调实验，证明该应急方案的可靠性。对于该项目来说，已经万事俱备，只欠"东风"了。

首 战 告 捷

1980年4月27日，执行"东风五号"导弹海上测控任务的中国航天远洋测量船队，在中国海军护航舰队的护送下，从上海吴淞口出发，浩浩荡荡向南太平洋驶去。这是中国历史上第一支远征南太平洋的特混船队。全船队共有十八艘各类舰船、五千余众。由海军第一副司令员刘道生亲自率领。5月8日，中国特混船队首次跨越赤道，进入南半球，到达试验区域，这也是中国海军首次跨越赤道。

在洲际导弹飞行试验中，测量船队驶向南太平洋

179

1980年5月18日北京时间10时，西北导弹发射试验基地发射场指挥员一声令下："点火！"在震撼大地的轰鸣声中，"东风五号"拔地而起，直上云天，乘风而去。从中国本土到南太平洋，各地面测量站和测量船，张开大网，密切注视着它的飞行状况。在溅落区严阵以待的6艘担负弹头入水测量和回收打捞任务的舰船已在长120公里、宽60公里的范围内，布下一个长方形矩阵，迎接从中国大陆飞来的"巨龙"。眨眼间，从西北方向的白云深处飞出了一个亮点，瞬间，亮点变成了一个大火球，轰然而下，溅起百米高的冲天水柱。

包括水声测量小组在内的各测量队，火速展开测量工作。最后，经过水声测量、雷达测量等各测量点测到位置的综合判断，通过卫星定位换算得知，"东风五号"命中预定弹着点，误差极小，这种射击精度相当于在百米距离射击的步枪，一发击中靶心上的一根针。

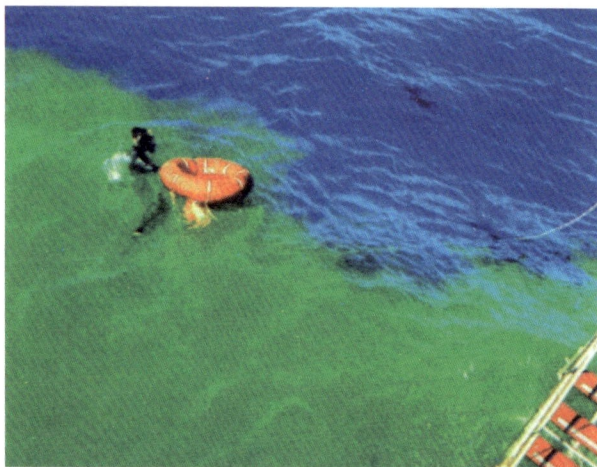

在海上落点水声定位系统定位后，潜水员顺利地从海中打捞出弹头数据舱

"东风五号"首战告捷，中国成为世界上第三个进行洲际导弹全程试验并获得圆满成功的国家。它向世界庄严宣告：中国的战略

武器已经达到了实用阶段，中国的导弹靶场试验能力、测控、通信能力也已提高到一个新的水平。此事举世瞩目，震惊中外。

为了完成这个大工程中的分系统，杨士莪和他的战友已整整奋斗了十年。1978年全国科学大会上，27分系统总体组、278分机、279分机三个项目荣获"优秀科研成果"的表彰；1979年，杨士莪和27分系统研制组分别荣获国防科技先进个人和先进集体奖；27分系统总体组、270分机、2710分机分获国防科工委科技成果三、四等奖；1981年，27分系统总体设计荣获国防科委战略武器重大研制成果三等奖……

在哈尔滨工程大学档案馆里，存有一份1977年8月的杨士莪先进科技工作者登记表，在"先进事迹"一栏中，这样写道：

718-27分系统是填补国内空白的一项重点科研任务，目前已初具规模，处于鉴定前夕。杨士莪同志是该系统的技术总体组组长。自70年（即1970年，笔者注）承担此研制任务以来，他始终兢兢业业、努力工作，理论联系实际，充分发挥了才干，为完成该任务做出了较大的贡献。七年来在他的具体组织和指导下，在确定系统的方案时，他发挥了自己的技术专长，并集中群众的智慧，使方案逐步完善。在分系统四次大型南海海上试验期间，他负责海上试验实施方案的制定以及系统的技术总体和分机的技术协调工作。在海上试验时，他既是指挥员又是战斗员，以身作则、任劳任怨、不怕疲劳、连续作战，得到部队同志的赞赏。海上试验以后，他领导科研组同志分析了大量的数据，提出了不用惯性导航系统测量海底声呐阵的一整套实时计算方法，进行了深海水声测距精度分析、传播距离计算、打击声源的研究和试验，影区声场衰减等技术专题，提出一批有实际使用价值的理论和技术报告。①

1977年杨士莪先进科技工作者登记表

---

① 杨士莪：《先进科技工作者登记表》，档案号：77永/4，保存地点：哈尔滨工程大学档案馆。

1978年3月，杨士莪获得哈尔滨船舶工程学院授予的"先进工作者"光荣称号

研制系列水声定位系统

"海上落点水声测量系统"的研制，不但为中国首次洲际导弹全程飞行试验取得成功做出了贡献，也填补了中国深海水声传播研究和深海水声设备的空白，还为中国的海洋开发、水声导航、动力定位等海洋工程技术提供了经验。在这十年中，在杨士莪的带领下，水声专

20世纪70年代末，杨士莪参研的深水救生艇"定位系统"

业形成了一支能打硬仗的科研队伍，锻炼出了一批科研骨干，开拓了中国长基线、短基线、超短基线水声定位系统的工作领域。

在后来的科研工作中，水声专业团队完成了一系列具有国际先进水平、应用于不同对象的水声定位系统，打破国外垄断，使水声定位技术得到跨越式长足发展。整个20世纪70年代，杨士莪与水声专业教师们将主要精力都投入水声测量系统的研制工作中。对于这个科研任务，杨士莪自己总结说：

> 27分系统不但为国家做了贡献，更锻炼了我们的队伍。在这个过程中，通过长期磨炼，形成了一个坚韧顽强、团结协作的团体，这种优良的风气一直延续至今。中国有句俗话："在战斗里成长"，在实际锻炼中不断凝练与提高，任何专业的成长都是这样的。①

20世纪70年代末，杨士莪（三排左六）等水声专业师生与学院领导、六机部领导合影

① 杨士莪：《杨士莪访谈》，2015年11月，资料存于采集工程数据库。

好风凭借力。杨士莪带领水声专业凭借"东风五号"之力得以使中国水声领域中的一个支脉在困境中继续顽强生长。"文化大革命"结束后，在随后的中国共产党十一届三中全会浩荡"东风"的吹拂下，无论是杨士莪、哈尔滨船舶工程学院（哈船院），还是包括水声科学在内的整个中国的现代化建设，都将迎来一个"春暖花开"的时节。

重 返 讲 台

1977年冬天，国家恢复高考制度。多年间，一直坚守在几近干涸荒芜的教育园地的教师们，终于又迎来了"得天下英才而教育之"的甘霖。1978年2月，哈船院被国务院确定为全国重点高校，学院同时抢抓机遇，决定招收水声传播等专业的研究生，杨士莪成为水声工程系首个研究生导师。

▍高考恢复不久后，杨士莪（前排右一）与哈尔滨船舶工程学院时期的学院领导和教师合影

再次站在讲台上，此时的杨士莪已近"知天命"之年，多年科研工作的摸爬滚打使他术业日益专精，学识日益丰厚，在教学规律和内容的把握上也已游刃有余。高水平的老师与积极好学的学生，二者之间教学相长，形成了深层的精神互动。杨士莪认为，七七级、七八级学生是其数十年教书生涯中遇到的水平最高、学习进取性最强的学生，他们从十多年积聚的青年才俊中被选拔出来，在被消磨了多年后，还执着考大学，其思想基础不一样，学习效果自然也就不同。

1978年3月，杨士莪被哈尔滨船舶工程学院评为"先进工作者"。1979年12月1日，杨士莪晋升为教授，他是学院在"文化大革命"后首批晋升的七位教授之一；同年10月，经黑龙江省委同意，他被任命为哈尔滨船舶工程学院水声工程系主任。水声工程专业是当时中国唯一的水声工程博士点。杨士莪名列国家首批博士研究生导师名单。这意味着杨士莪可以为国家培养更高层次的水声科学专门人才。这批博导是自19世纪末西方教育制度引进中国以来，中国大陆历史上第一批博士生导师。首批博导的遴选程序极其严格，列名者堪称一时之选，一定程度上代表了当时中国学术界的最高水准。

▌1980年7月，杨士莪在《哈尔滨船舶工程学院学报》上发表论文《海底混响场的分析》

1981年4月，杨士莪（左一）与同事在无锡讲学时合影

士莪身兼本科、硕士、博士三类学生的教学培养工作。结合教育经历及教学经验，杨士莪对这三个层次学生的教学各有侧重。对此他说：

三类学生的培养目标不同，自然要在教学方法上有所侧重。本科生学的是专业基础，课堂内容更加侧重于基础理论，以此为他们将来的发展打下坚实的基础；从硕士研究生开始，才算真正地接触专业，因而除了学部分课程外，对他们的指导要更加侧重水声科学在实际工作中需要解决的问题，我主要是根据自己在科研教研过程中产生的问题让研究生来解决，相对来说，本科生和硕士生的课堂还是要"规矩"一些；到了博士研究生阶段则更加不同，上课更像是"大讲座"，各个不同的教授轮流去唱"折子戏"，对某一门学科进行半综述半实际的介绍——"半综

187

述"是指讲这个领域研究什么问题、解决了什么、没解决什么；"半实际"指具体讲问题是怎么解决的。在具体讲法上，并不像给本科生那样完全展开，而要更有引导性和启发性，针对问题提出一个基本的方法和思路，引导博士生自己去寻求解决途径和具体方法，并在这个过程中适时地给予进一步指导。

例如，我带第一个硕士生郝新亚时，718工程27分系统的项目已基本成型，但有些理论问题还可以深入讨论，我就选择其中一个关于水声传播方面的课题，请他继续深入做下去；我带第一个博士毕业生李琪时，正值我率团队主持建设中国第一个重力式低噪声水洞，给他出的博士论文题目"采用混响箱法测流噪声"，我先给他提出来一个原则意见——采用混响箱法，但是用混响箱法测低频噪声还有很多问题有待解决，李琪采用空间平均法，使得在有限空间里测低频噪声和自由空间里的结果对比时，误差小于一分贝，解决了问题，也完成了博士论文。博士生李秀坤的论文题目来自我们当时做的科研项目"水雷的识别"，我给她出的题目是计算利用复合共振频率识别水雷的方法，给她一个"利用水雷壳体复合共振频率"的大方向。后来，她的研究成果成为我们"探雷"课题不可缺少的一部分……我们从科研中提出相应的课题，博士从来都是参加实际科研项目出来的，只不过不同的博士研究生参加的项目不同罢了。

所以，对于博士生的培养，要结合实际、善于出题——这些题目既来自实际工作的需要、解决实际问题，又能极大地拓展学生对水声学的认识和解决实际问题的能力。我们给出一个大致方向，至于具体怎么做、达到什么效果，就需要学生发挥自己的聪明才智了，但我们需要在一些重要节点给予指导，供其参考，这些参考意见对于学生而言是提供了一种解决问题的新途径，会更进一步引导他们深入思考。这样，博士生们与实际科研项目一同成长，他们在探究这些题目的过程中成长迅速，经过这些淬炼后，后来大多能够成为独当一面的优秀科研工作者。

水声工程专业国家首批博士生导师杨士莪（左三）等教师又一次迎来了令人向往的"得天下英才而教育之"的甘霖（摄于1982年）

1985年年初，哈尔滨船舶工程学院水声专业首届硕士生毕业合影（前排居中者为杨士莪）

189

▍20世纪80年代中期，杨士莪（左）在实验室指导博士研究生

穷且益坚

"脑体倒挂"是20世纪80年代到90年代特有的一个名词和社会现象。大多数脑力劳动者的收入普遍低于同龄的体力劳动者，其中尤以教师的待遇低。当时民间流行的说法是"造导弹的不如卖茶叶蛋的，拿手术刀的不如拿剃头刀的"。虽然中国科学进入了发展的春天，但是知识分子的待遇却识识在低位徘徊。

这一时期，国家的工作重心在于经济建设，对于军队建设投入有限。在1985年的中央军委扩大会议上，邓小平又一次科学分析了中国国情，在此基础上他认为：

国家的安全保障最终取决于一个国家的经济实力。百业待举的当前，国家经济建设是大局，必须硬着头皮把经济搞上去，一切要服从这个大局。我们军队有自己的责任，不能妨碍这个大局，要紧密配合这个大局，而且要在这个大局下行动，积极支援和参加国家建设。军队装备要实现真正现代化，只有国民经济有了比较好的基础才有可能。大局好起来了，国力大大增强了，再搞一点原子弹、氢弹，更新一些装备，空中的也好，海上的也好，陆上的也好，到那个时候就容易了。[①]

至1985年，中国人民解放军军费仅占同年美军军费的2%，不及苏联军费的零头。同年中国政府决定，中国人民解放军裁军百万。因为国家对包括海军在内的军队建设投入减少，海军装备建设的步子放缓，海军装备虽然也搞点研究、少量的试生产，但因为资金少，并不进行设备换装。与海军息息相关的水声学发展环境不容乐观。

杨士莪作为博导，每月工资五百多元，已是系里教师中的"高收入者"了。毕业的学生中，只有极少数学生会选择留校。系里想留几个优秀的毕业生加入科研团队，有学生坦率地对老师说："老师，学校的待遇太低了，我们不想像你们一样。"一句话，竟让杨士莪等无言以对。杨士莪后来回忆那段生活时说：

> 不能只讲觉悟，也要讲公正。当时我们面临的情况是，招研究生后继无人，很多很有能力的学生出国、经商，而考研究生的人却很少。一个国家不是只有几个尖子人才就能上去，必须有社会的共同追求、平均的人才质量。我认识的一位海洋局研究所副所长，我问他的日子如

[①] 杨英健，彭建冬：《高端军事决策：共和国重大军事行动实录》，人民出版社，2014，第398页。

何。他说："我不是在搞现代化，而是在适应落后化。进口的设备很先进，我要想办法改变设备去适应掌握不了先进设备的人，太先进了不会用。"

人各有志，大浪淘沙。在巨大的收入差距和更多样的选择面前，有的人离开大学"下海"，有的人出国深造就再没有回来。杨士莪对自己坚守水声领域的选择，有着更加理性的分析：

> 如果出国，水声学与国防关系紧密，到国外只能寄人篱下，给别人打工，于国家发展无益、于自己成长不利；如果单飞、自奔前程，那么团队一旦散失，重建更加困难，而一旦脱离团队，凭借自己单枪匹马，即便个人能力再强，又能开辟多大天地？

20世纪80年代末90年代初，杨士莪居家生活照。杨家住处常闹鼠患，对杨家来说，养猫并非作为宠物，而是生活必需

　　因此，他立足哈船院发展水声学科的选择从未动摇过，他对妻子说："虽然待遇比较低，但也饿不死。还没到要饿死了另找活路的程度。等国家有钱了，一定会发展海军和海洋事业，我们一定会有再上场的时候。"

　　杨士莪的三叔杨廷寅在回忆录《八十忆往》（未刊稿）中，这样描述20世纪80年代的杨士莪：

　　　　士莪五十多岁已秃顶留下胡子，高度近视像个小老头。有次我和他乘公共汽车看到有个位置，他忙说三叔你坐，旁边人都以诧异的眼光看这个老头怎么让一个似乎比他年轻的老头坐。有次我在南京，正好他从哈尔滨出差路过南京探望父母，和我同住一个房间，他说："三叔，晚上我还要熬夜可能影响你睡觉了。"当我睡下以后他打开一个大箱子铺满一桌子资料，等我夜间醒来他还在默默夜战，我看已深夜三点了。他抽烟又喝酒但都是独饮，完全是为了提神，透支自己的精力。我深深感叹我们老一代科学家在艰苦环境中淡泊名利、默默无闻、无私奉献的品格。[1]

　　20世纪80年代对杨士莪及哈船院水声工程系的师生来说，是个"穷且益坚"的坚守期。杨士莪先后当选为全国水声学会主任委员、船舶工业国防科技应用基础研究技术专业组中"水声及水声对抗组"组长；1987年，哈船院杨士莪等六名教授获准接受相关领域的国内访问学者；同年哈船院有22位海洋及水声科学方面

----

① 杨廷寅：《八十忆往》，未刊稿，第160页。

的专家被录入《国际海洋科学家名录补编》，其中水声工程系就包括杨士莪等6人。在1990年第二次全国高校科技工作会议上，国家教委和国家科委表彰在科技工作中做出突出贡献的单位，水声工程系作为全国69个获此殊荣的单位之一，被授予"全国科技工作先进集体"称号。

"君子固穷"，是一种坚守，更是一种风范。

▌杨士莪获得的各种奖状（部分）

▌20世纪80年代末，哈尔滨船舶学院水声工程系党员合影庆祝"七一"（前排左五为杨士莪）

2014年，"蛟龙"号首次使用由哈尔滨工程大学科研团队自主研发的国产高精度"超短基线定位系统"，打破了国外技术垄断格局；2015年，"水声工程实验教学中心"成功跻身国家级实验教学示范中心，为全国高等学校实验教学的改革与发展发挥示范引领作用；2016年，国际上首个具有全双工通信能力和组网能力的水声通信机诞生。国防科技创新团队、黄大年式教师团队……如今的哈尔滨工程大学水声工程学院依然是中国唯一专门从事水声技术、水声工程教育和科研的学院，是人才培养层次齐全、学科方向完整的高层次创新人才培养基地和水声技术科技创新基地，是哈尔滨工程大学"三海一核"（船舶制造、海军装备、海洋工程、核能应用）办学特色最具代表性的学科方向和教育科研机构之一。杨士莪当年创立的水声工程学科已经衍生出声学、信号与信息处理、通信与信息系统等相关学科，解决了大量国家急需攻克的技术难题，在水声传感器技术、水下定位与导航技术、水下目标探测技术、水声通信技术、多波束探测技术和高分辨图像声呐技术等领域处于国内领先和国际先进地位，多次获得国家级技术奖励。这里以水声装备发展的需求为导向，以探索性、创新性和重大关键技术的基础与应用基础研究为重点，是中国水声行业的主要技术支持单位之一，引领中国水声技术发展，在某些方面达到了国际先进水平。作为中国最大的水声人才培养基地和专家库，如今，从这里走出的人才占据水声科研界的大半壁江山。中国工程院水声领域的全部院士、水声行业70%以上的高级专家、60%以上的专业技术人员都出自这里，学院还为海军"卓越工程师人才计划"输送大量人才。水声工程学院毕业生的培养质量，在行业内是响当当的招牌。

哈尔滨工程大学的地理位置虽远离海洋，但是这里的人们将一项关于海洋强国的事业，做得风生水起。这离不开杨士莪一以贯之

的执着坚守和对科研问题、发展道路的上下求索，为此他贡献出了毕生精力。

2019年7月，杨士莪被授予"龙江最美科技工作者"荣誉称号。在颁奖典礼上，主持人采访杨士莪："耄耋之年，到了安享晚年的年纪，您还依然带着学生到一线去，到海上去，这是为什么？"杨士莪答道：

> 虽然退休了，但还想为祖国做点贡献，我觉得自己身体还可以，还是应该为祖国而努力。我在新生入学教育时鼓励学生们说：到大学来主要是学会做三件事：第一件事情是学会做人，第二件事情是学会做事，第三件事情是学会做学问。实际上对于每一个愿意为祖国献身的科学工作者，都应该秉承爱祖国、爱人民的精神，不断跟踪国际上科技发展的最新前沿，不断努力开创新的领域。

▌2019年7月19日，杨士莪被授予"龙江最美科技工作者"荣誉称号

2020年8月8日，在杨士莪90岁寿辰之际，哈尔滨工程大学举行了庆祝"杨士莪院士90寿辰暨2020水声技术高峰论坛"。

会后，在接受新华社记者的采访时，杨士莪提到了他的生日心愿：

"夕阳虽落苍山后，犹映晚霞满天红"，进入"90后"，我虽然退休了，但是对于为祖国做贡献的工作，是不应该退休的，还应该继续在可能的情况下，发挥自己微薄的能量，做出可能的贡献。中国的老话说"长江后浪推前浪，一代更比一代强"，希望"后浪"更强，在国家的支持下，我国海洋事业和水声事业乘风破浪，取得更加长足的发展。

启示九

心胸开放包容，思想勇于创新

对于一名战略科学家来说，开放包容的心胸尤其重要，不同的观点、交叉的方向，往往是孕育科研创新的契机。而开放包容的心胸和对于科学规律的深刻认识，使杨士莪以敢为人先的创新精神开辟了水声科学研究的新领域，探索了新路径。

作者手记：

　　开放包容是杨士莪的性格特点之一，这不但是一种人生态度，更是一种智慧和心境，使杨士莪具有了宽广的视野和丰富的内心。对于一名战略科学家来说，开放包容的心胸尤其重要，不同的观点、交叉的方向，往往是孕育科研创新的契机。而开放包容的心胸和对于科学规律的深刻认识，使杨士莪以敢为人先的创新精神开辟了水声科学研究的新领域，探索了新路径。

　　科学家的使命不但在于满足国家需要，还要预见国家需要，领先于国家需要，正像"上医治未病"一样，卓越的科学家，尤其是战略科学家要凭借敏锐的科研素养预见国家的战略需求。习近平总书记指出："科研方向的选择要从国家急迫需要和长远需求出发，真正解决实际问题。""对能够快速突破、及时解决问题的技术，要抓紧推进；对属于战略性、需要久久为功的技术，要提前部署。""越是面临封锁打压，越不能搞自我封闭、自我隔绝，而是要实施更加开放包容、互惠共享的国际科技合作战略"，不管在什么时代，惟创新者进，惟创新者强，惟创新者胜。杨士莪的科研经历再次证明：把握和引领时代离不开开放包容的心态和勇于创新的思想，这是科研工作者的制胜法宝。

搞学术不能把自己限得太窄

　　"搞学术不能把自己限得太窄"，这是杨士莪早年到苏联科学院声学研究所进修经历的总结和心得。有一次，苏联科学院声学研究所邀请著名美国建筑声学家白瑞内克做报告。白瑞内克主攻建筑声学，这次报告主要围绕建筑声学与其他学科交叉时产生的若干问题展开。听众们是来自苏联科学院声学研究所各研究室的研究人员，尽管专业方向与知识背景略有不同，但都收获颇丰。布列霍夫斯基感慨地说："我们所从事的声学研究，应该像白瑞内克教授所做的那样，视野应该更宽些，面可以更大些，不能把自己局限在专业领域不可自拔，那样只能成为井底之蛙，思维定式一旦形成，就很难产生新的想法并有所创新。"

　　在随后的学习生活中，杨士莪也亲历了一个因为过于教条而使相关科研受到不必要损失的"反面案例"。声学研究所有位叫奥列谢夫斯基的研究员，是电子工程专业出身，在声学研究所的科研方向是研究海洋混响。奥列谢夫斯基利用自己的专业背景做了创新性的尝试，将电子技术、信号处理的一些概念和处理办法融入海洋混响的研究，颇有成果。水声研究室主任苏哈列夫斯基因此推荐他到苏联科学院学部做报告，介绍奥列谢夫斯基的学术成果。苏联科学院的一位物理科班出身的院士是当时学界的权威，他听了奥列谢夫斯基的报告后，觉得没有用正统的物理学思路进行研究，因而批评奥列谢夫斯基"旁门左道，简直是胡闹"。此事让年轻的杨士莪绷紧了警醒的神经——过于教条必然扼杀创新的种子，

避免狭隘的门户　　　　　　　　是开辟新领域的"捷径"，做

科研工作尤其需要开放和包容的胸怀。

后来，随着学习、工作的深入，杨士莪越发体会到宽阔视野对于科研工作的重要意义，他常对年轻人说：

> 搞学术不能把自己限得太窄，某个专业领域的知识，往往可以成为开启另一个学科的钥匙。比如物理化学、物理生物，用物理的办法去研究化学、生物学，用生物学的研究成果来研究物理。这种开阔的思路可以提出创新的方法思路，进而开辟新的领域。

这些是杨士莪个人成长经历宝贵的经验总结和实践写照。例如，20世纪末，水声信号处理方法出现盲处理技术，杨士莪出于工作需要，利用混沌学知识解决水声学问题，提出信号处理的新方法，使水声目标的识别范围大为增加。类似事例，不胜枚举。"搞学术不能把自己限得太窄"，早年进修期间形成的认识在不自觉中，逐渐成为杨士莪对待科研工作的自觉意识和自我要求，也使其成为在改革开放后最早一批走出国门的科学家，与国外同行积极交流，从国内水声科学高地走到国际水声科学舞台。

法 国 之 行

1978年，为了筹建海军试验基地四场区，杨士莪受海军邀请，作为专家赴法国马赛，参与引进一批重要的水声技术设备。

自1957年负笈苏联时隔20年后，杨士莪终于再度走出国门。在这20年间，杨士莪只能通过外文科技期刊了解一些关于国际水声学发展的情况，而无法实地考察国外的新进展。杨士莪很期待能够借此机会到水声学发展处于国际先进水平的法国考察。考察团一行来到马赛的考麦克柯公司，该公司主要设计水下潜器。工厂的接待人员为了能够赢得客户，不但"大方"地带领杨士莪一行参观潜器生产工厂，让他们了解产品的生产过程，还带他们到相关配套单位参观。

在参观过程中，杨士莪更加直观地感受到了法国在科技、生产方面的优势。听到接待人员用略显炫耀的口气介绍产品的种种优越性能，杨士莪的心情因为这种高傲的"大方"而愈加沉重。杨士莪回忆说：

> "文化大革命"刚结束不久，在这十年中，本来就落后的中国工业、科技水平与世界发达国家相比，差距被拉得更大。那时候，中国工业水平和军事力量整体都比较弱，给我的感觉是，人家就是觉得我们不行，干脆没有作为竞争对手的实力和资格，所以对我们分外"慷慨"，他们可能觉得就是让我们知道一些什么敏感内容，就凭我们远远落后的实力，也不可能给他们造成什么威胁。

这种"慷慨"让杨士莪感到郁郁难平，谈及当时的心情时，杨士莪说："我是干国防的，不想着比别人强能行吗？就像军人一样，不管对方多么厉害，都要想办法把对方打败，如果军人再不这么想就完蛋了！如果看到对方强大就投降，那就不是军人了！现在我们不如你，但我们总会有一天要比你们强！"

杨士莪曾看到一篇新闻报道：1980年，大名鼎鼎的英国元帅

蒙哥马利访华，到北京军区某部参观射击表演，由北京军区司令员杨勇上将陪同。蒙哥马利提出要到表演的士兵中看一看，于是从一名士兵手中拿过一支半自动步枪，立姿击发，钢板靶应声倒下。随后，杨勇从蒙哥马利手中接过步枪，举枪连续射击，九发子弹，发发中靶。蒙哥马利结束访问三天后，在香港举行的记者招待会上说："我要告诫我的同行，这要成为军事家的一条禁忌，不要和中国军队在地面上交手。"对于杨士莪而言，这是件"很长志气"的事，因而印象非常深刻。在他看来，军人要有战胜对方的勇气和志气，科研人员同样应该如此。

21世纪的今天，中国的水声事业已取得相当发展，作为中国水声学整个发展历程的亲历者，杨士莪说："对于中国科技发展，尤其是水声学的发展，第一不要妄自菲薄，第二不要盲目自大。要承认我们有不足的地方，但是在实干的基础上，还要有个雄心壮志，有点不服输的劲头——我们总归会在什么时候赶过那些先进的国家！"

"公开的秘密"

20世纪80年代中期，日本水声学会邀请杨士莪到日本东海大学介绍中国水声学的发展情况，杨士莪欣然应邀前往。

杨士莪对日本人的看法是爱憎分明的——对于日本军国主义分子，他是毫不掩饰地憎恨，呼啸而过的轰炸机、闪着银光的炸弹和家国腾起的黑烟，是盘桓在他脑中永不磨灭的童年记忆；而对于日本的普通百姓，凡对中国人抱有友好态度的国际友人，杨士莪则报以同样的亲切友善。杨士莪为日本水声学会会员做过一场"中国水声学发展状况"的报告，主要介绍中国水声学的一些理论研究和民用水声设备的发展。参加报告会的有两位来自日本防卫大学的教授。防卫大学是日本自卫队培养陆、海、空三军初级军官的学校，被称为日本"军官的摇篮"。报告会后，其中一位教授提问：中国搞不搞声呐的研究？这是一个非常敏感的问题。因为直接涉及国家军队建设情况，如果如实回答这个问题，不合适；如果避而不答，出于礼貌，也不合适。略一沉吟，杨士莪要了个"滑头"，用他一贯沉稳的风格，笑着答道："这是一个公开的秘密。"防卫大学的两位教授听后，与杨士莪会心一笑，彼此心照不宣。

1982年英国之行的经历同样可以表现出杨士莪沉稳性格中随机应变的机警。当年，杨士莪赴英国伯明翰大学就流体动力噪声及其抑制、新型声学材料、信号检测等问题进行为期三周的考察访问。在进行水声定位系统研制的交流时，英国某位教授专门就"在浅海进行远距离水声定位的技巧"向杨士莪请教。对于这个问题，杨士莪利用"声音在非均匀介质中传播距离的测量，可以通过计算从声源到不同接收点传播时间的交汇而得出"的规律，在软件信号处理上，探索出了一个颇具特色、与国外大相径庭的处理方法。在国际场合，对于这样敏感问题的交流，如果说得太具体会出问题，但是如果避而不答又有失风范。于是，杨士莪告诉那位英国教授："对软件处理过程的关键环节，要建立一个比较好的数学模型。"这个"讨巧"的回答似乎什么都说了，却又什么都没有说，但已让双方了然于心。

这件事也从侧面说明了尽管中国总体工业水平、⋯⋯件落后于世界⋯⋯⋯⋯研究而言，如浅海

的内波短周期、声场计算的简单方法、水动力噪声的测量方法等诸多课题，却也对国际水声学的发展有着独辟蹊径的创新贡献。

1980年前后，东京工业大学教授来哈尔滨船舶工程学院讲学，杨士莪（前排左五）等哈尔滨船舶工程学院水声工程系师生与东京工业大学来访教授合影。因为地缘之便，日本是中国水声界最早开展国际交流的国家之一

20世纪80年代，杨士莪走出国门，进行国际交流访问（第三张照片中，右四为杨士莪）

敢为人先的水动力噪声研究

对用于军事目的的各种水下航行体来说，其噪声越大，意味着越容易暴露，噪声小、安静型才会成为首上述上面提从了，因而水下航行体辐射噪声的高低决定了其隐身性能的好坏。要

207

想建设强大的海军，就要降低水下航行体的噪声，提高其隐身性能，因而对水动力噪声的研究是个绕不开的"坎儿"。早在20世纪60年代初，杨士莪就在"哈军工"水声物理专业设立"水下噪声"研究方向，以水下的噪声源和噪声场的物理规律为主要研究方向。他于1964年出版的《水下噪声学》是当时世界上最早的有关专著。虽然后来因为国家建设重心的变化，这个研究方向经历了近二十年的"冷遇期"，但是包括杨士莪在内的水声专业师生始终坚定地相信，这一方面的研究对于海军建设是个不可回避的重要问题，它迟早都会成为国家的战略需求。杨士莪回忆说：

> 我们选定了这个方向后，就一直没有放弃，这是基于对科学规律的认识，如果连这点信心都没有的话，那我们对这个学科的建设发展就不会有自己的贡献，例如当年我们建立理工结合、覆盖全面的水声工程专业，也是按照科学规律做出的决定。在对规律认识的基础上，我们要有"主心骨"，不能左右摇摆。

解决国际水动力噪声界的难题

对舰船的水动力噪声测量有两种方式：实体测量和模型测量。"实体测量"所需费用大、环境条件复杂、测试条件难重复且不同试验间的数据不易比较；"模型测量"通过测量缩比模型的水动力噪声来推算实体的水动力噪声，获取被测噪声源在相应自由场条件下的声源级、频谱等声学特性。因而模型测量是水动力噪声研究的一种通用测量方式，主要在水洞中进行。"水洞"是水动力学实验的一种设备，也是水动力噪声实验研究的主要设施之一，可用来研究边界层、尾流等现象及水流与试验物体之间的作用力，是一个流速可以控制的水循环系统。在水洞中移动的不是试验物体，而是可控水流。世界上最早的水洞由英国C.A.帕森斯建造于1896年。

　　国内一些科研单位出于对流体力学等研究目的的需要，建造过"循环式水洞"。水在轴流泵的推动下在水洞内循环流动，具有流速比较稳定，且易于控制等优点。但由于这种水洞靠水泵、电机来获得流速，因而本底噪声较大，不能满足测量水动力噪声的实验要求。为使水洞中的水流获得动力，又不使用水泵、电机等产生附加噪声的设备，并设法使水洞的背景噪声降到最低，这是困扰学界的一个难题。正是基于对物理规律的深刻认识，杨士莪想到了重力的作用——安装一定水位高度的水箱，利用水流的重力势能使水在洞体内流动，完全依靠水流重力，可以将本底噪声降至最低，这样就形成了一个"重力式低噪声水洞"。其主要优点是避免了动力机械噪声对测量的影响，水洞的背景噪声小，更适于进行噪声测量。

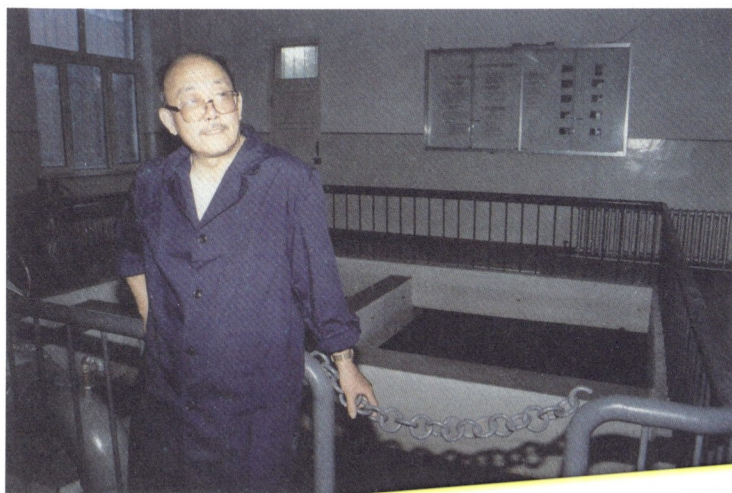

杨士莪的工作照

　　"混响箱法"弥补了原有水洞噪声测量方法的不足，极大地提高了测量结果的精度。该方法不仅能满足实验室条件下水动力噪声的测量，而且可以推广应用解决水声其他领域的诸多难题。1984年，美国海军研究与发展中心所长鲍威尔教授参观"重力式低噪声水洞"时，将其赞誉为"国际级成就"。

　　从1984年杨士莪设计建造首个小型"重力式低噪声水洞"开始，到如今矗立在哈尔滨工程大学的第三代水洞——国家级"水声技术国防科技重点实验室"的重要组成部分，经过三代演进升级，水洞的功能得到了很大延伸，实验用水的净化、消声措施等实验条件也有了极大改善，成为国内条件一流的顶尖实验室。目前，该实验室依然是国内独一无二的针对水声实验的重力式低噪声水洞。

哈尔滨工程大学"水声技术国防科技重点实验室"内的第三代重力式低噪声水洞（局部）

领导探雷声呐技术的基础研究

多年前，曾有人问杨士莪："您怎样确立科研目标？"杨士莪简洁地回答："根据客观需要与主观可能。"正是出于对这两方面的考虑，20世纪80年代初，杨士莪将科研目光扩展到探雷技术领域，领导了探雷声呐技术的基础研究，并提出了目标识别的新途径。

水雷是最古老的水中兵器，也是现代海战中不可缺少的武器。它造价低廉，爆炸威力大、毁伤效果明显，被称为"穷国的武器"；它布设简便，不仅水面舰艇、潜艇和飞机可以布设，就是普通的商船、渔轮也可以担任布雷工作。相对于水雷的布放简单，要想探测、发现并扫除它们却绝非易事。其中掩埋雷受到海底泥沙掩盖，更具隐蔽性，普通的探测手段更难于发现和探测，可构成对敌较长时间的威胁，有的甚至可达几十年。

一般来说，探测、清除水雷的成本是布设它们的10倍到200倍，甚至更多。而更难的问题是对沉底或掩埋物体属于雷抑或非雷的识别，这也是迄今为止国际上尚未很好解决的难题。目前，探雷声呐是最主要的探雷器材之一。

1972年，为了支援越南的抗美斗争，由12艘扫雷艇、四艘保障艇、三百余人组成的中国海军扫雷工作队进入越南，担负越南海防港及部分海区的扫雷任务。中国虽建有扫雷舰艇部队，但缺乏经验，且扫雷工具简陋。在越南海防扫雷时，有时甚至人手一根竹竿，排成一行，齐头并进，边走边用竹竿往泥里戳，一旦发现

　　1973年，美国被迫在越南战争的停战协定上签字，根据协定规定，美国要承担清扫其在越南所布水雷的任务。美国海军为此专门成立了"扫雷特混舰队"，出动直升机母舰、扫雷舰、导弹驱逐舰、登陆舰等各类舰船四十余艘，直升机四十五架，投入六千五百余人，虽然拥有先进的仪器，又是扫自己所布的水雷，但是却收效甚微，无奈之下，索性采取"饱和炸雷"的方法，即用足够数量和密度的深水炸弹，投放到布雷区，以炸毁和引爆各种水雷。这也从侧面反映出探雷之难。

▌20世纪80年代中期，杨士莪进行探雷研究工作。其间，在中国声学学会上做
　关于"海底沉物探测"的报告

　　20世纪80年代初，海军要求尽快实现探雷技术现代化。杨士莪认为，对掩埋雷探测的研究，水声工程系具有优势和研究基础，应该主动积极参加。1982年，中船总公司下达包括十三个子课题的"掩埋雷探测"课题，水声专业承担了其中的八个。接下这些课题，除满足国家的战略需要以外，杨士莪还有自己的考虑，这也是他对学院发展路径的一贯观点：设计和制造大型声呐的课题很难落

到高校。专业要发展、教师水平要提高，都应该开展科研工作。这就只能与专门的声呐研究院所展开差异化的竞争。高校在基础研究、应用基础研究和零星非标准设备的研制方面更有优越性，既然探雷声呐少有人敢问津，这对于水声工程系的师生来说，正是锻炼的好机会，只有敢啃"硬骨头"，才能练出"好牙口"。

探雷研究要解决两个关键问题，即对水雷的"探测"和"识别"。海底地形错综复杂，水雷形态各异，有限尺度的水雷被藏在礁石丛中，周围散射信号干扰强烈，想在百米之外探测出来，并非易事。何况有的水雷被埋入泥沙，更难探到；泥沙中还可能有其他的沉积物，如礁石、铁器等"鱼目混珠"；甚至某些国家为了提高雷区的抗扫性，会采取模拟假雷的方法，故意布设一些假雷以混淆视听。因而不仅要解决对沉底雷的探测，更需要解决雷与非雷的识别，为了解决对沉底雷、掩埋雷"探测"和"识别"的两大关键问题，杨士莪提出探雷声呐要实现"低频小基阵并具有尖锐方向性"的研究思路，这一探雷声呐研究的新路径由此开辟。这一研究成果标志着中国的猎雷技术已同世界先进国家处于同一水平线，战略意义重大。

水声战略科学家

水声战略科学家意味着不但要解决水声领域当前的国家急需，也要面向国家的长远需求。杨士莪之于中国水声事业的贡献，远不止水声专业的创建。在制定中国水声发展规划、确定水声科研方向、指导和促进中国重大水声科研和工程项目中，他都起到了

213

展和海洋强国的建设需要。杨士莪谈到筹措南海水声综合考察的初衷时说：

> 几十年来，海军有了一定发展，这从海军在建国初期的反登陆作战到（20世纪）80年代近海防御的海军战略变化，就可以看出来。我总认为，海军不能老守在家门口，总归得往外走，一往外走就是深海。而深海到底是什么情况？有些什么规律？这就需要中国水声事业的研究领域从浅海迈向深海。在海军走向深海之前，我们这个学科的发展首先需要做好准备，这犹如军队到达那个地区以前，先要有该地区的地图一样。而南海对我国又具有特殊的战略地位和意义，所以，南海考察无论从水声学发展角度，还是从海军建设、国家战略意义上来说，都势在必行。

水声综合考察是水声科学发展的必要环节，美国、苏联都有庞大的远洋船队专门从事此项工作。当时，整个中国的工作重心在于经济建设，对于南海水声考察这项花费颇巨的工程来说，很难被提到日程上来。杨士莪抱着南海考察关系国家战略的坚定想法，开始了艰难的报批及筹备过程，得到了时任海军司令员刘华清的大力支持。20世纪80年代，刘华清就对海洋权益和经略海洋具有了深刻认识。他在回忆录中写道：

> （20世纪80年代初）外部世界已经发生很大变化，尤其对于海洋，人类的认识又有了新的飞跃，对于海洋资源的需求日益增长，海洋开发技术的迅猛发展展示了大规

模开发海洋资源的广阔前景。这一切都极大地激发了各国将其沿海自然资源置于本国管理之下的热情。第三次世界海洋会议已经结束，这是数百年来人类对海洋的一次新的划分，濒海国家无不对海军建设表现出格外的重视。很遗憾，作为一个海洋大国，中国不仅没有跟上这一步伐，反而忙着"文化大革命"，进一步拉大了与世界的差距。

海洋在世界政治、经济、军事斗争中的地位日趋重要，围绕海洋权益的斗争越来越尖锐复杂。根据新的国际海洋法，我国可以划定300万平方公里左右的管辖海域，这些海域和大陆架，构成了我国海洋国土，蕴藏着丰富的海上资源，尤其黄海、东海和南海，更是我国赖以生存和发展的资源宝库和安全屏障。在我国当前海区，由于种种历史原因，在海洋资源开发、专属经济区的划界、大陆架的走向和部分岛屿特别是南海诸岛归属和开发等方面，与周边国家存在很多争端和分歧。①

而杨士莪所力主的南海水声考察结果的最直接应用，就是为海军的作战训练和未来海战的战场适应做准备。

杨士莪去过很多海域，也在诸多海域进行过科研工作，见识越多，他就越发认识到：不同海域各有特点、千差万别，如果不去了解，人们很难做到在短时间内能自然地适应和利用该海域的条件。只有通过水声考察，才能得以真正熟悉属于自己的这片海洋。

国家为这次考察也进行了大量人力、物力和财力的投入。国防

科工委将其作为"八五"重点攻关预研项目，并主持考察计划。中国船舶总公司、海军及中国科学院联合组织实施，投入近百台(套)大型设备，组织了全国十三个单位、上百名水声科研人员共同参加。在这些科研人员中，除杨士莪以外，哈尔滨工程大学水声工程系部分青年教师也参加了考察。他们在这次考察中得到了很大锻炼，并成长为中国水声事业发展的中坚力量。

1994年春天，杨士莪被任命为"南海水声综合考察队"队长和首席科学家，正式开展中国首次独立进行的大型深海水声考察。这一年，杨士莪63岁。

中国水声界迈向深海的第一步

南海是中国最深、最大的海区，位于太平洋和印度洋之间的航运要冲，是联系中国与世界各地的重要海上通道。海上岛屿星罗棋布，渔业资源异常丰富；海底蕴藏大量矿藏资源，尤以油气资源著称。南海在经济、国防上的效用不可估量，战略价值日益彰显，尤其是南海诸岛中位置最南、分布范围最广、包括岛礁最多的南沙海域，是中国经由南海与各国往来的交通要冲，也是中国南部安全的重要屏障，战略地位十分重要。就南海的战略意义而言，对其进行深入研究迫在眉睫且至关重要。

此次南海水声考察的主要目的在于弄清南海典型海域的水声传播规律。在这次考察之前，包括1959年的中苏联合南海水声考察在内，中国的水声研究工作大多限于浅海。对此，杨士莪说：

1959年的中苏联合考察，对于我们国家来说是属于启蒙式的，就是让当时我国水声科研工作者们知道了水声考察到底是怎么回事，该怎么干。苏方从未在亚热带海区做过相关实验，所以，他们的目的是了解亚热带海区的海洋环境及其对水声的影响，取得亚热带海区的海洋环境参数。而我们国家当时由于水声研究刚起步，想借机向苏方学习水声到底怎么个干法，我们的目的是学习。所以，当时在南海进行浅海的考察，就可以满足双方的需要。那次大部分考察和实验工作是在大陆架做的，最远的一次实验是在大陆坡进行的，还没有到达深海。

而1994年中国独立进行的南海考察，侧重于深海海域，堪称中国水声界向深海迈出的第一步。此行目的在于以南海为样本，考察声波在深海的传播衰减规律，并探明不同海域环境对声波传播的影响。当然，水声研究包含范围甚广，这次考察的内容只是水声工作中的一部分。第一次到达一片新海域，不能全都研究，只能抓点最主要的。在这次考察以前，我们顶多就是看看国外的文献，知道人家做了什么，我们国家从来没有自己做过相关研究。

在南海海域，陡峭的大陆坡、海盆上矗立的海山、海丘，构成了海底复杂的地形。正是这样的海域条件，为考察队提供了一座可以实现不同实验目的、多功能的"天然实验室"。1994年4月，百余人的考察队分乘两艘考察船，开展为期二十余天的实验考察。考察船从榆林港出发，到南沙群岛，航迹自北向南，深入中国南海。杨士莪根据南海的海域特点，将考察重点放在研究声波在大陆架陡坡、半声道地区、深海古道三种海域的传播衰减规律，我明小则海

域环境对声波传播的影响。对于这次来之不易的考察，队员们倍感珍惜。

▎1994年，南海考察期间，杨士莪（中）与参试人员合影

浩瀚的大海，向科研人员们展示了大量内涵丰富、等待深入研究的课题。杨士莪回忆说：

我们很幸运的是，在海上的二十几天，碰到的海况都很好。不同的海域，我们得到的结果大不一样——在大陆架上的实验，很远的信号都能接收；在深海声道的情况下，甚至可以接收到好几百公里外的信号；但是到了南沙，那里地形更复杂，深又不深，浅又不浅，传播条件就不像之前的两种情况，而是声音衰减得很快，我们本来预计能做得挺远，实际上却做不到那么远……由于海区水文条件不一样，会观察到没有接触过的现象。第一次到一个新的地区，不能全都研究，抓点主要的。对这个海域增加了很多了解，无论是从军事上还是保护贸易通道上都有很大作用。

上下千条线，中间一根针

万顷碧波、星罗棋布的珊瑚礁、穿梭飞行的白鲣鸟……在平常人眼中浪漫多情的海洋，在与杨士莪等研究它的科研人员们打交道时，却时常乖戾莫测、难以捉摸。

在深海区域作业时，赤道附近的太阳几乎垂直高悬于头顶，甲板温度达到七十余摄氏度，烫得没处落脚，科研人员顶着烈日，抱着一百多斤的线轴在电缆里钻来钻去，一干就是十几个小时，有的试验项目甚至需要连续工作三昼夜以上。年过花甲的杨士莪身先士卒，和大家一起忍受着高温酷热、缺少淡水、没有蔬菜的艰难时刻。长时间的海上试验，淡水告罄，杨士莪和同志们把压载水仓漂着油污的水烧开了喝。有一次出海，还没等试验结束就几乎断粮了，菜、肉早已殆尽，仅剩下一点宝贵的米和一桶盐，在潮热难耐的气候条件下，大家就白天做试验，晚上捕鱼，以盐水煮鱼为食，一直坚持到试验结束。

身处茫茫大海的考察船，渺小得犹如一叶扁舟。无边无际的汪洋对造访的来客不分年龄一视同仁，让他们饱尝孤寂颠簸之苦。花甲之年的杨士莪与年轻人相比，在年龄和体能上毫无优势可言，但在高强度的考察工作中，人们却从未见他流露过半点疲态或慌乱失措的神色，他总是指挥若定、行事沉着果断。事实上，与在考察工作中独当一面的很多年轻人相比，作为总指挥的杨士莪要独当多面、把握全面，"上下千条线，中间一根针"，他既要对上——与领导机关打交道，又要对下——统筹所有科研人员，其体力与精力

知自己肩负的重担——中国水声界三十五年的等待、十年的筹备、国家数千万元的投入……此行务必全胜而归，不能有丝毫差池。他心无旁骛地投入考察试验中，此前充分的准备和顺势达观的性格使他将心态调整得很好，也因此给年轻的科研工作者们留下了对他指挥考察时"举重若轻"的印象，就像清代赵翼品苏东坡的诗时所说："读之似不甚用力，而力已透十分。"

再好的海况，海上也是无风三尺浪。尤其是在无边无际的远海，晕船几乎成了考察队员们在试验中时时刻刻都要对付的"敌人"。杨士莪因为常年海试，早已习惯了海上风浪的颠簸，他虽不晕船，但是也深知晕船之苦。他告诉年轻的科研工作者们，越在晕船时，越要喝水或者吃东西，这时喝水吃饭不只是为了解渴充饥，更是为了胃里有东西可吐，吃了吐，吐了再吃，胃里有东西可吐，才不会严重地伤害身体。

考察队中有个负责接收信号的队员，因为晕船晕得最厉害，被大伙儿评为"晕船委员会主任"。在海上试验时，他右手边放着一个暖水瓶，左手边放着一个水桶，一边读实验数据，一边"哇"地一口吐出胃中涌涨的酸水，随即喝些热水，接着再吐出来，如此往复，却自始至终坚守岗位。杨士莪对这样的科研工作者充满爱护和赞赏之情。直到二十多年后，有记者采访他关于哈尔滨工程大学"三海一核"办学特色发展历程时，杨士莪仍对当时的情景历历在目，饱含深情地提到那些科研工作者，他说："学校的特色、水声学的发展，就是在一大批这样可爱、可敬的科研工作者的坚守中，一点一点积累、形成和发展的。"

1994年5月，在考察即将结束时，杨士莪带领考察队登上了位于南沙群岛中部的永暑礁。永暑礁是一个环形珊瑚礁，地理位置优越，战略价值很高，当时是中国在南沙行使主权的管辖中心。礁上除了有中国海军驻守南沙修建的房屋外，还建有海洋观测站，这是中国政府与中国海军维护南沙群岛领土主权与海洋权益的标志性工程。远眺早就架设到中国领海的某些国家的石油钻井平台，面对海洋主权被侵占、海洋资源遭掠夺的现实，杨士莪更加深刻地认识到："保卫、开发海疆，仅仅依靠外交声明是维护不住的，必须要建一支强大的海军来保卫，而我们的使命就是加速这个过程。"

▌1994年，南海考察即将结束时，杨士莪登上了永暑礁

关于这次南海考察对中国水声学的意义，杨士莪认为：

这次考察是我国第一次自己组织的大规模水声综合考察，我们认真研究了大陆架陡坡地区的水声传播规律，第一次认真考察了声波在深海环境中的传播特点，在南海岛链地区、复杂地形条件下的声波传播规律，获取了大量宝贵的实验数据和对一些现象的初步认识。

这次由杨士莪带领的南海综合水声考察，是中国首次有战略意义的大型深海水声综合考察，也是中国水声科研工作者首次独立的出航考察。考察获得了近千亿字节丰富可信的实验数据，积累了大量宝贵的第一手资料，掌握了南海典型海域的水声环境特点及主要参数规律，提高了海洋水声条件预测和重点海区建模能力，并为中国水声事业锻炼了一大批新生力量，使中国水声事业首次从浅海迈向深海。1998年，这次考察成果荣获中国船舶总公司科技进步一等奖。

水声事业的汇聚区效应

1959年中苏联合南海水声考察，主要依靠苏联的设备，以水声物理为主，是对中国水声学发展的启蒙，杨士莪和一批水声科研工作者通过考察实践和苏联专家的讲学，开始成长为中国水声的专业骨干，揭开了中国水声事业全面发展的序幕；1994年中国首次独立南海综合考察，使中国水声界对深海形成初步认识；30年后的今天，中国水声研究和海军走出南海，走向更广阔的深海大洋……包括亲历整个过程的杨士莪在内的一代代水声科研工作者，将研究的足迹踏上了以前难以想象的海域。对此，杨士莪说："我的一个比较明显的感受是，我们的水声研究现在有能力依靠自己走向更广阔的海域，是以国家的整体实力作为后盾的。"在这个过程中，他和一大批执着坚守的水声科研工作者们，功不可没。

1994年南海考察归来，杨士莪（左四）等考察队员与前来迎接的同志们合影

中国的国土由陆地国土和海洋国土组成。中国的国土面积有多大？绝大多数国人可能会不假思索地回答："960万平方公里。"从小学、中学到大学的地理教科书上，沿袭着"960万平方公里"的国土概念，而对数百万平方公里的海域面积却提及甚少。数十年来，通过哈尔滨工程大学这个国内最大的水声专业人才培养和科学研究基地的平台，杨士莪将海洋情结传递给了更多学生，使更多学生认识到利用海洋、保卫海疆的重要性。刘华清曾说过："海洋战略是国家战略的重要组成部分。"杨士莪对此一直念念不忘。杨士莪始终认为："只有当海洋观念升华为国家观念和战略思想，经略海洋才能转化为民族的整体意志和国家行为。我们拥有广泛的海洋权利和海洋利益，中华儿女都应该增强海洋意识，承担维护国家海洋权益的责任和保护海洋的义务。"

近年，国家提出建设"蓝水海军"，意即能将海上力量扩展到

223

远洋及深海地区，这离不开海洋科技的支撑。这是时代带给杨士莪和水声学发展的又一次历史机遇。南海综合水声考察二十余年后，中国海军的发展路径与杨士莪组织开展深海考察所做的预研与积累形成了"汇聚区"，正像声波在汇聚区更强，作用距离更远一样，这种"汇聚区效应"无疑会使杨士莪终生为之奋斗的水声事业步入发展的快车道。

科学家要走在国家需要之前

2012年，党的十八大报告中提出"建设海洋强国"，这一重大战略部署是中国进入新的历史发展时期的必由之路。除了它的政治意义与战略意义外，让杨士莪倍感振奋与欣慰的是，经过数十年的坚守后，他终于迎来了自己的事业与国家战略最大化地同频共振的时代；他在耄耋之年，终于看到数十年积聚的国家实力和能量使中国有能力进行"海洋强国"的建设，可以有实力在国际舞台上扮演重要角色……

南海综合水声考察对于中国水声学和中国海洋科技的意义，使杨士莪等水声科学工作者的名字载入了中国海洋科技发展史册。钱学森曾说：

从事技术科学的科学家要根据自然科学与工程的现状和发展趋势，有远见地选定超前的研究课题，不断开拓新的领域……能把工程技术中的实际问题提高到自然科学规律的水平上来研究……技术科学研究的对象是工程环境下的复杂系统，它追求的是虽不十分精确且带有一定经验性的实用规律，但必须是最大限度地建立在自然科学和数学基础上的。一个好的技术科学家应当有能力从复杂的实际问题中捕捉住主要矛盾，提炼出清晰的物理机制，建立数学模型，通过计算，得出与观测或实验相一致的结果，并可以据此得到工程上有用的定量预测。对于一个复杂的问题，这个过程往往不是一蹴而就的，必须充分掌握所有有关这个问题的事实，运用自然科学的规律做精密细致的思考，经多次反复才能完成。物理机制、数学模型都是主观的东西，要使主观与客观相一致，必须做出艰苦的努力，没有别的途径。[1]

杨士莪的工作方法和思维方式非常符合钱学森对于"好的技术科学家"的描述。开放包容、勇于创新、不迷信、不盲从，是杨士莪最有效的科研法宝之一。这些法宝早在20世纪60年代，就让杨士莪等经历了"中国水声行业的第一次突破"——不能照搬雷达的做法，而必须考虑水声自身的特点进行研究。水声科学有自身的特点和规律，要结合学科特点摸索其自身的科学规律，走自主创新的道路。四十余年中，这些法宝在杨士莪的科研生命中一次次发挥重要作用。到了20世纪末，又是这些法宝揭开了矢量传感器及其应用技术在中国的研究序幕。他将科研目光投向了新的发展方向——矢量传感器平面基阵小型化的定向与识别研究。

杨士莪以不满足于眼前成果而甘为长远的耐心和耐力，在这一方向上孜孜以求。无论是在赞誉和表彰中，还是在质疑与非议中，

[1] 奚启新：《钱学森传》，人民出版社，2014，第209-400页。

杨士莪和他的团队都一如既往——在顺境中保持清醒，在逆境中勇敢启程，这样的信心来源于杨士莪对基础的科学规律的认识分析和对行业发展走向的宏观把握。

开拓"地声"研究科研新路

无论是同行、同事还是学生，接触过杨士莪的人往往会留下这样的印象：他对学科发展方向、研究方向的敏锐和把握令人叹服，他提出的一些具有开拓性的研究方向，最初都是很冷清、少人关注，但总是在若干年后，人们才看出其分量。在21世纪初，哈尔滨工程大学水声科研团队着手"地声"研究，即是其中一例。对此，杨士莪笑道："到了我这把年纪，只能当个'口力劳动者'，动动嘴，帮助年轻人建议一下研究方向，其实我也只是提个头儿而已，活都是人家干的。"

21世纪初，杨士莪曾在一次受访中提及自己最大的心愿，是尽可能丰富各方面的知识。对知识、科学的追求和对于新事物的敏感和好奇，是他一生前进的不竭动力，伴随着他矢志向东、不舍昼夜的脚步。他在向年轻人介绍自己的学习、工作体会时，曾说：

> 注意始终保持对广泛科技领域知识的兴趣和对新生事物的敏感性，是保证自己思想活跃和启发创造性思维的重要措施；许多新研究途径和新研究成果，实际上不过是将这一研究领域的知识和方法，应用到另一研究领域所获得的成果。

科教工作者要培养国家急需的卓越创新人才

从党的十八大报告提出"海洋强国战略"，到党的十九大报告明确要求"坚持陆海统筹，加快建设海洋强国"，再到党的二十大报告强调"发展海洋经济，保护海洋生态环境，加快建设海洋强国"，国家战略为我国坚持走依海富国、以海强国、人海和谐、合作共赢的发展道路，通过和平、发展、合作、共赢方式，扎实推进海洋强国建设指明了方向。

杨士莪历经新中国海洋建设的全过程，从新中国刚建立时的有海无防，到今天海洋强国战略的全面推进，对于直接跟海洋和海防打交道的水声科学家来说，杨士莪深感国家在七十余年间海洋科技与海防事业的长足发展，他时常感慨水声科学走上了发展的快车道，迎来了发展的黄金期。

党的二十大报告指出，必须坚持科技是第一生产力、人才是第一资源、创新是第一动力。深入实施科教兴国战略、人才强国战略、创新驱动发展战略，开辟发展新领域新赛道，不断塑造发展新动能新优势。杨士莪认为："科教工作者要培养国家急需的德才兼备的卓越创新人才；开展科技攻关，发扬艰苦奋斗、迎难而上、敢于啃硬骨头不怕输的精神，解决'卡脖子'关键问题，解决国家的实际需求，提高国家科技领域自主创新能力。"

启示十

"外圆内方" 的处世哲学

　　"外圆内方" 的处世哲学从本质上讲，体现的是一种价值观的取舍和追求，正像杨士莪做人做事做学问的终身信条一样，他一直在要求自己做有趣的人、有意义的事、实事求是的学问。

作者手记：

　　杨士莪有一种"外圆内方"的性格特质——平和达观、淡泊名利的"外"与执着坚毅、开拓进取的"内"在他身上实现了辩证统一，并成为他的处世哲学。平和达观、淡泊名利使他能屈能伸，适应各种环境，人生之路走得更加顺畅，成长更快，即使在特殊历史时期，他也借此风雨兼程，少走了很多弯路；执着坚毅、开拓进取的坚守使他在科研之路上常行不休、不断创新。"外圆内方"的处世哲学从本质上讲，体现的是一种价值观的取舍和追求，正像杨士莪做人做事做学问的终身信条一样，他一直在要求自己做有趣的人、有意义的事、实事求是的学问。

从容豁达的平常心

在实现强国理想的道路和自己的科研之路上，杨士莪步步坚实有力，从不稍懈。而命运对于这样专心致志、执着得"一根筋"一样的人物，似乎也格外眷顾，悄然为杨士莪准备了一件后来被他自己戏称为"帽子"的礼物——一枚院士勋章。

1995年7月的一天，杨士莪当选为中国工程院院士后，有记者前来采访"当选感受"。杨士莪平静地说："赞誉本非一人所有，是众缘相合，实在不必沾沾自喜；诋毁亦非天大事，己错则改，人错不咎，你就是你，并不因毁誉而变作他人。实实在在做事，本本分分做人。"[①] 这种从容与豁达的"平常心"，是杨士莪对待所有外界评价的基本态度。

1994年6月，几乎与杨士莪在南海水声综合考察同时，中国工程院在北京成立。这是中国工程技术界最高的荣誉性、咨询性学术机构。中国工程院院士是国家设立的工程科学技术方面的最高学术称号，从已在工程科学技术领域中做出重大的、创造性成就和贡献的优秀工程科技专家中选举产生，为终身荣誉。

鉴于杨士莪在中国水声科学方面的重大贡献，作为中国水声界的代表人物之一，1994年11月，中国造船工程学会将其提名为中国工程院"机械与运载工程学部"院士候选人。

在杨士莪《候选人提名书》上的"工程科技方面的主要成就和

---

① 王晨：《领受功与德 笔墨抒高怀：专访著名水声工程专家杨士莪院士》，《科学中国人》，2009 年第 10 期。

贡献"一栏里，主要列举了他三个方面的贡献：

一、他为我国水声事业培养第一批专业骨干；创建第一个理工结合的水声工程专业；三十多年来为我国水声学科建设、决策做出突出贡献。

二、二十多年来，作为我国"水声定位"理论提出者和技术决策者，主持研制我国洲际导弹海上靶场水声测量系统和一批具有国际先进水平的水声定位系统，为我国水声导航定位技术的发展奠定了基础。

三、主持建设我国第一个低噪声水洞，倡导开展水雷目标识别等国际前沿研究课题，取得了一系列具有国际先进水平的基础和应用研究成果，是我国水声界公认的学术领导人之一。

中国造船工程学会在"提名单位意见"中写道：

杨士莪教授是我国水声工程专业创建人之一，著名水声专家。现任国务院学位委员会学科评议组成员，船舶与海洋工程学科召集人；中国声学学会副理事长及水声分科学会主任委员；中国船舶工业总公司国防科技水声及水声对抗专业组组长等多项学术职务。

他倡导水声物理、换能与设备的结合，并在军事工程学院创建了我国第一个理工结合、完整配套的水声工程专业。该专业现已成为全国重点学科和博士后科研流动站，并批准建立国防科技国家重点水声技术实验室。

他首先开展国内水声定位系统研制。在他领导下，哈船院水声研究所相继研制完成洲际导弹落点水声测量系统、船载鱼雷轨迹三维测量系统等一系列具有国际先进水平，用于不同目的的长基线、短基线和超短基线水声定位系统。

他1959年参加中苏联合中国南海水声综合考察，任中方副队长。"八五"期间积极推动和进行了我国首次独立大型深海水声综合考察，任技术组组长，考察队队长兼首席科学家。获取了大批宝贵资料，培养锻炼了青年水声科技工作者。

他是我国最早水动力噪声研究的开拓者之一，解决了国际上悬而未决的水洞降噪和测量方法问题；领导了探雷声呐技术的基础研究，提出了目标识别的新途径。他是我国水声界公认的学术带头人之一。

他热爱社会主义祖国，热爱中国共产党，拥护党的十一届三中全会以来的路线、方针和政策，治学严谨，学风正派，把自己的全部精力都贡献给我国的国防科技和教育事业。

我学会认为杨士莪教授具备工程院院士的条件，提名作为中国工程院院士候选人。

1995年，杨士莪当选中国工程院院士留影

历经半年多的评选，1995年6月18日，杨士莪等186位专家当选为中国工程院院士，并经国务院批准发布。

数十年来，杨士莪扎根水声工程学科，将毕生精力倾力投注于此，不懈追求满足国家重大战略需求的水声事业。他培养并见证的从水声专业走出的人才占据了中国水声科研的半壁江山；他见证了院系立足特色、谋海济国、服务国家重大需求的发展步伐。这枚沉甸甸的院士勋章，饱含对这种忠诚、执着与服务国家能力的肯定和赞赏。

原中国船舶工业总公司随即发布了该公司包括杨士莪在内的六位科学家当选院士的消息。随后，哈尔滨工程大学校报《工学周报》在头版头条刊发了《杨士莪当选中国工程院院士》的消息。当月再出专刊，对其当选表示热烈祝贺。评论员刊发社论文章称：

> 杨士莪教授大学毕业四十五年，在教学、科研第一线拼搏奋斗了四十五年，在高级人才培养和水声科技研究领域为国家做出了重要贡献，取得了学界瞩目的成绩。国家授予他这一学界最高荣誉和地位，就是对他为国家做出的成绩和贡献的明确肯定。中国的水声事业发展到今天，中国的水声定位技术跻身世界先进行列，杨士莪功不可没。工程院院士这一头衔的获得，说明他的国内水声界学术领导人地位已经得到学界和国家的一致认可。拥有这样一位杰出的科学家是哈尔滨工程大学的荣幸与骄傲。

一时之间，各种祝贺与赞誉纷至沓来。面对诸多赞誉，杨士莪很平静，甚至略显淡漠。在他看来，自己不过是换了一顶"帽子"。

后来，他这样谈起当选院士的感受：

> 就像最开始由助教，到讲师，到副教授，再到教授一样，这些称谓就像一顶顶"帽子"，院士无非是另一顶帽子，戴帽子的人并不会因为换了一顶帽子而发生什么本质变化。院士是整个科研团队的代表，而不能成为某个个人的荣誉，就像造飞机、军舰的总师，一个人能把飞机、军舰造出来吗？做不到的。任何个人，实际上都是一个团队的代表。院士作为这个团队的带头人，是把优秀的团队比较和谐地组织在一块儿，并使这个团队迸发出最大的战斗力，去攻克难题。况且，当不当选院士，其中也有一定的机遇因素，我只是很幸运地赶上了这个机遇。

因而，在得知自己当选的消息时，杨士莪的心情平静得一如往常，甚至连晚饭也没加个以示庆祝的小菜。倒是远在南京、已84岁高龄的母亲陈法青得知这个消息后，异常欣喜、倍感欣慰。1955年，老伴儿杨廷宝当选为中国科学院技术科学部委员（院士）时，长子杨士莪刚刚年过弱冠。时隔40年后，时空交错中，年过花甲的长子取得了不啻父辈的成就，父子两代人的人生轨迹竟因为国家给予科研人员的最高荣誉而有了奇妙的重合。40年间，长子已历练成为出类拔萃的水声领域领军人物之一，子虽未承父业，但能见用于国家，老伴儿若能泉下有知，也定感快慰。陈法青兴奋之余，将这个好消息告诉了亲朋好友们，相较于这个消息本身，她更乐于分享的是作为一位母亲的骄傲与自豪。

"帽子"的比喻

将各种荣誉和头衔比作"帽子",是杨士莪常打的比喻。近半个世纪中,杨士莪换了助教、讲师、副教授、教授、院士的"帽子",但他始终保持谦虚严谨的教学、科研态度,始终一步一个脚印,一步一级台阶,从不稍懈。他知道,在水声领域,还有太多问题亟待解决,中国的水声科研水平与世界发达国家之间还有较大差距,作为中国水声学界的领军人物之一,他当仁不让、责无旁贷。因此,他以只争朝夕的赶超心态,全身心地投入到水声科研中。

对于杨士莪而言,他仿佛在爬一座高山,虽然每到一定高度,会有一顶"帽子"作为奖赏,但杨士莪的目的却在于山顶那令人难以企及的高度,而不在于攀登过程中到达某个高度的奖赏。无心插柳柳成荫,在杨士莪心无旁骛、勇攀高峰的过程中,荣誉和头衔也水到渠成地成为他这一路走来的额外收获。杨士莪对这些包括院士在内的"帽子"却不甚在意,他始终认为,在水声领域,他要到达的山顶,还远着呢,哪敢松懈,哪有闲暇去欣赏顶顶耀眼的"帽子"!

院士的职责在于对国家开展的重要工程科技问题与研究提供决策咨询,对工程科技的发展与应用提出报告和建议等。当选院士给杨士莪带来的最大变化,除了更多的会议与事务外,就是使他更加"谨言慎行"。杨士莪性格随性,在日常生活中是个"大大咧咧"、不拘小节的人。但他深知在院士的头衔下,说话的权重自然不同,也许自己在不经意间说出的话,会对别人起到导向性的作用或者重大影响,在这个位置上,说出的话都要经过仔细考虑和认真推敲，绝不能有"无心之失"，也因此，杨士莪尤其"慎言"。也许在旁人看来，院士勋章是杨士莪学术成长之路上水到渠成的人生奖赏，但对杨士莪而言，却意味着更大的使命与责任。

1995年6月，杨士莪到北京参加院士大会。通过与同行的交流，他更加认为："目前来看，我国的大多数工作还是在借鉴、模仿，适当改进和修正。拥有真正属于我们自己的开创性的成果，是我们的努力方向。现在我国也更强调一些基础性、理论性的研究，但真正实践力度不够，有些急功近利。我们应该利用我国社会制度的优越性，集中组织力量进行攻关，推动相关科研工作更快进步和完善。"

没有因为院士这顶"帽子"做丝毫的停留与欣赏，杨士莪已全身心地投入到自己醉心的教学和科研事业中去了。

2012年12月，杨士莪荣获第五届"全国优秀科技工作者"的称号。这一称号饱含着人们对这位年逾八旬仍然活跃在教学科研第一线的老人的赞赏和敬佩，也饱含着国家对老骥伏枥、依旧壮心不已的科技工作者的肯定和褒奖。杨士莪一生获得荣誉甚多，但大多数领奖时却因海上试验、参加学术会议等无法分身受奖，每当这时他总是舍弃领奖而选择工作，时常是一名缺席的获奖者。杨士莪曾淡淡地说："与其站在领奖台上不如让我站在讲台上，我更愿意给学生们上课。"

很多人赞誉杨士莪"开辟鸿蒙，功不可没"，中国水声界至今都奉他为"引路人"，推举他为中国声学学会名誉理事长。作为资深院士，杨士莪在水声学方面的建树与贡献，人们有目共睹、服膺备至。对此，杨士莪总是淡淡地说："那是同行客气。"杨士莪的心态如水淡泊，他尤其喜欢"淡泊以明志，宁静以致远"这句话。

杨士莪的第一个博士毕业生、哈工程水声工程学院教授李琪说：

> 杨院士并不看重论文、获奖，对于名利的追求十分淡泊。他在担任研究所所长时，岗位津贴只给一半，他提出自己拿一半的一半。每次讨论奖金、评奖时他都把青年教师和教学一线的同志向前推。许多科研项目他从头至尾参加，但在向上报奖时，他根本不报自己。

分析自身，杨士莪认为自己的长处是肯动脑筋，勇于承认错误和无知。因而他特别注意通过向别人学习来弥补自己的短处。他常常对学生们说："做人要谦和一点，满瓶不响，半瓶晃荡。任何事情都有你会的，也有你不会的，实在没有必要张扬。"

杨士莪学问的积累，靠的是不懈的努力和他在知识的求索之路上一直保持着的进取心和好奇心。他从不认为年龄是继续学习和成长的障碍——70岁时，他学会了拼音输入法，解决了微机打字问题，此后他在电脑上写东西时不必假手于人；2009年，他用英文撰写完成了《声传播理论》一书，包括理论、公式推导在内，他自己一点点地敲进电脑；2016年，他还亲自编写程序，验证新提出的算法……杨士莪的身上有着一股绵延不绝的干劲，有着与时俱进的年轻心态。作为一名"90后"，他时常不厌其烦地推演着几页纸的科学公式；时常不听劝阻亲临海上试验现场；时常在别人休息的时候抓紧时间看书……

杨士莪与"水"打了一辈子交道，而"水"的品质与精神也在他身上打下了深刻烙印。"水"具有中国文化的美丽精神，老子为水立千载名：上善若水。《孔子集语》中有"子曰：夫水者，启子比德焉。遍予而无私，似德；所及者生，似仁；其流卑下，句倨皆循其理，似义；浅者流行，深者不测，似智；其赴百仞之谷不疑，似勇；绵弱而微达，似察；受恶不让，似包；蒙不清以入，鲜洁以出，似善化；至量必平，似正；盈不求概，似度；其万折必东，似意"。

中华文化的美丽精神在杨士莪身上打下的这种烙印，内化为杨士莪人格构成中不可或缺的性格积淀，而这种文化精神也在杨士莪的待人接物中，被潜移默化地传递给了更多人。

"我心目中的好导师"

2011年5月，哈尔滨工程大学举办首届"我心目中的好导师"活动，杨士莪成为十位获此称号的教师之一。与诸多国家级的荣誉不同，这个完全由学生投票选举产生的荣誉对于杨士莪而言，别有深意。因为在这个称号背后，是他与学生之间流淌着的最朴素与最浓郁的情谊。

2017年9月17日，杨士莪院士为2017级本科生做入学教育报告

对于杨士莪的众多弟子来说，他不仅是自己学业上的导师，也是人生的导师。他曾对在读博士们说："你们是'90后'，我也是'90后'，因为我已经九十多岁了。所以我们之间没有什么代沟，都需要与时俱进啊。"这位"90后"导师除了指导在读博士，还要给本科生和研究生上课。直到九十多岁，他依然担任着从本科、硕士到博士的课程教学工作，而且每学期的课时都不少。

在哈尔滨工程大学水声工程学院，由杨士莪给学生们讲第一门专业课"声与振动基础"的绪论已经成了传统。他讲课时底气十足，声如洪钟，语速较慢，思路清晰，而且是"一站到底"。学生们心疼他，常常在上课之前，为他搬把椅子放在讲台上。但每次他都把椅子挪开，微笑着说："从我开始做教员起，就习惯站着讲课了。"他就这样站着讲一个下午，整整齐齐地写板书，一下午的课要写好几黑板。

▌85岁的杨士莪给学生上课的情景

外场试验、各种学术会议、顾问咨询活动等将杨士莪的日程表塞得满满当当，但他从未因为工作忙、出差频繁而耽误教学工作，即使有时不可避免地给研究生串课，但他只要一回到哈尔滨，第一件事就是找学生确定上课时间，安排研究生把被耽误的课程补上。因为往往要占用他们的周末时间，杨士莪常常因此跟研究生们道歉，还自嘲为"不可靠分子"。他把学生看得很重，即便再忙，对待教学、对待学生，也从不敷衍应付，学生请他审阅修改论文，通常只隔一两天就会得到反馈。

现为哈工程水声工程学院教授的朴胜春1991年开始跟着杨士莪学习，相继获得了硕士、博士学位，后留校任教，一路"追随"杨士莪二十几年，在做人做事做学问上都颇受教。提起杨士莪的课程，他的言语间充满了敬意：

> 杨教授上课的认真劲儿让人很感动。我读研一时上"水声传播原理"的课程，是杨教授的主要研究领域，由于该研究方向的研究生很少，所以上课的就只有我自己一个人，但是每堂课杨教授都是工工整整地将板书写满整个黑板，从头到尾、几十学时的课程下来一直这样认真。那是我上得最累的课，一点儿不敢偷懒，因为每堂课杨教授都会提前赶到教室，在那里等着我去上课。

他的学生有个共同的体会，向杨士莪请教问题时，绝不会有面对学问大家时的拘谨和战战兢兢，而完全是一种精神享受。他知识渊博、思维敏捷、视野宽阔，解决问题的思路常常能独辟蹊径。杨士莪的学生、哈工程水声工程学院教授陈洪娟说：

　　杨教授解题时从不跟着别人的方法走，而是从物理模型和事物的根本去找新方法，让我们认识到抓住物理规律对于解题的重要性。这让我们十分钦佩和受益。他特别善于聆听，即便我们错了，他也从不急于否定，而是找到值得肯定的内容加以鼓励，再分析出现错误的原因，往往使我们豁然开朗，在这个过程中，我们成长很快，而且体会到学习的快乐。

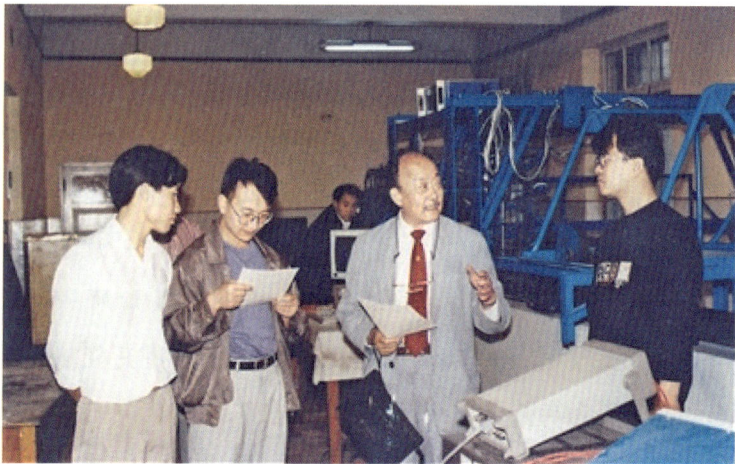

　▎杨士莪在实验室指导学生实验

　　对于一项科研任务，杨士莪从不会催促年轻人，而是要求他们按部就班、脚踏实地，因为做科研需要心态平和而不是追求外在耀眼的东西，杨士莪为年轻人打造了最适宜做科研工作的环境和土壤。他带年轻人时常说"没有压力不成材"，而他给年轻人的压力是循序渐进的，从不急于求成。

哈船院水声工程系89级硕士毕业班留念

哈船院水声工程系91级硕士生毕业留念

哈尔滨工程大学92-511班毕业留念 1996.7

哈尔滨船舶工程学院89-511班毕业留念

博士学位论文答辩会

博士学位论文答辩会

哈尔滨工程大学 水声工程 博士后出站报告

杨士莪培养的本科、硕士、博士生（部分）

▌2015年教师节，杨士莪夫妇与学生在家中合影

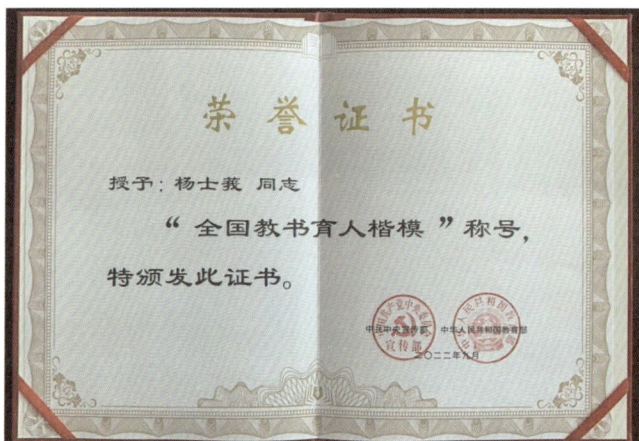

▌2022年9月，杨士莪荣获"全国教书育人楷模"称号

▌2022年9月6日，中宣部、教育部公布"全国教书育人楷模"名单，杨士莪名列其中

始终战斗在水声科研第一线

杨士莪笑称自己"生命不止，壮心不已"，因为他始终战斗在水声科研的第一线。水声这门学科的特点，决定了在研究它时，即便是水平最高的科学家，也不可能"运筹帷幄之中，决胜千里之外"，所以杨士莪尤其重视实际的海上实验和测量。中国声学学会理事长田静在一篇祝贺杨士莪八秩寿辰的文章中写道：

> 先生作为我国水声技术和水声工程学科教育和科学研究的开创者和奠基者之一……作为我国现代声学界第二代学者中的杰出代表，年逾七旬以后仍然活跃在科研教学的第一线，并担任着中国声学学会常务理事和学术委员会主任，以"70后"的心态，身先士卒，一丝不苟，尽职尽责，参加了学会几乎每一次重要的活动，并积极建言献策，亲自主持组织学术会议的论文评审、评议和评奖，使学会的每一位同志都深刻感受到了先生的人格魅力和青春活力。先生的奉献精神、坚强斗志和崇高道德，为我国声学界的同仁们树立了一个永远值得学习的榜样。①

2018年7月，时年87岁高龄的杨士莪仍然身体力行，亲自参加相关科研项目的海试。对此，他说：

---

① 田静：《学问似海，威望如山：贺杨士莪先生八秩华诞》，《哈尔滨工程大学学报》，2010，第 7 期。

水声和海洋，从本质上来讲，是一门实验学科，这门科学不是在实验室里，靠推导、仿真、模拟就能真正掌握的。好多海上的事情往往情况复杂，但终究还是有其规律的，这些规律只能通过实际测量和试验才能掌握，随后是了解它，之后再想办法对其加以克服和利用。所以，水声科研工作者应该极为重视海上考察实验、有关数据的采集分析以及规律性的研究。

他常叮嘱年轻教师："从学科来说，对实践要给予极大的关注。既然对付的是海洋，就要对海洋有相当的熟悉和了解，这就要求多参加海上实验。那些用定理、公式解决的问题都是理想条件下的，我们要面对的是非理想的，往往实际环境会复杂得多。"

在哈尔滨的七十余年中，他出差在外的时间合计将近一半，每年他都有大半时间在全国各地度过——海上试验、课题论证、决策咨询……"我是一个四海为家的人。"杨士莪语出幽默，却是大半生的真实写照。

只要是他牵头或主持的科研项目，他几乎参加了历次海试，细致到海试前的实验设备准备及装配情况、海试日程安排、现场基阵布阵位置、海洋水文条件监测、海试后的数据分析等。在庞杂烦琐的海试工作中，杨士莪定会亲临第一线，事无巨细地亲自过问、现场解决。用团队成员的话来说："杨教授不是'指导'，而是全程参与海试的各项工作。"杨士莪对此说：

搞研究，不到现场怎么行？有任何困难都得克服，该坚持时就要咬紧牙关，迎难而上。大海变幻莫测，坐在家

246

里搞研究肯定是不行的。

如果不去海试现场，我就没有第一手的现场体会，有些现象我不知道，等以后处理时就不知道是什么情况，我就没有发言权，想出的办法就可能解决不了问题。做海试绝不是简单地一去一回，而要考虑以后信号怎样处理、可能会出现什么问题，尤其是我们的课题是学术前沿，并无现成的经验可供借鉴，所以更需对实验现场亲自了解。

2002年4月，杨士莪在海试

2011年11月的一次海试，海况恶劣，船舶颠簸剧烈，海军某部特意给杨士莪派了一名勤务兵，专门照看杨士莪行动。这却让勤务兵犯了难。原来，杨士莪在实验时，亲自到船上的每个实验站位去看，在摇摇晃晃的船上，连勤务兵都跟不上他，勤务兵时常跟着跟着，就把人跟丢了，"唉！院士又到哪去了？"

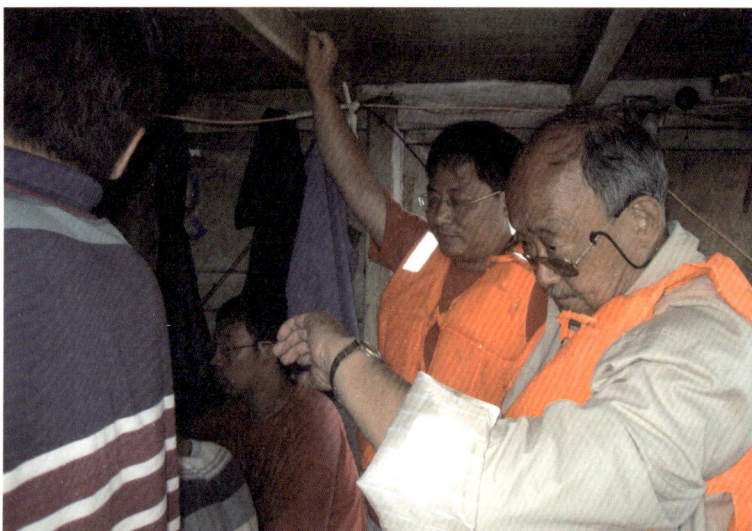

▌大连海试中的杨士莪（右一）

在一次次海试中，他将多年积累的丰富经验，向年轻人倾囊相授，因而，每次海试都成了年轻科研人员鲜活而深刻的实践课。这些课程对于青年人的成长是至关重要的。杨士莪说："高校的任务中，培养人才是首要的，通过给任务提要求，才能在长期实践中培养出优秀的科技人才。"

在水声领域中，摸爬滚打了七十余年的杨士莪常用自己的人生经验告诉年轻教师和学生们："搞科研成长起来的人都知道，在科研上头玩不了花招，你糊弄它，它就糊弄你。只有你老老实实、规规矩矩，干成的东西才能是实实在在的。严谨，是一名科研工作者应有的态度。"

2008年，杨士莪（左二）在海试中与研究生们在一起

杨士莪要求团队成员，海试时尽量将前期工作做足，在校内将各项工作做完善，海上的试验现场和后期的数据处理工作都会因此事半功倍，这样的海试就是到海上拿数据，节省人力物力，效率也奇高。在他的严格要求下，团队在海试时几乎从未出现过因为设备故障等前期准备工作不足造成的维修、等待等问题。

杨士莪在海试中

▌2008年，参加舟山海试时留影

▌2014年，杨士莪率团队在大连参加海试

▌2014年，杨士莪与团队在海试中

2015年，杨士莪率团队在青岛参加海上试验

在哈尔滨工程大学水声技术重点实验室指导学生

2015年，水声学院的科研团队到大连海试时，需要在海底布设声呐基阵。参试人员到杨士莪家汇报相关工作后，杨士莪爬上梯子，从高高的书架上取下一本《海洋水文手册》，翻到即将进行海试区域的经纬度，告诉参试人员说："此处海底情况为黏泥底，整个实验设计时间不宜过长，否则布阵易被淤泥掩盖。"原来，针对不同的实验目

的，海底是沙石、淤泥等不同情况会对海试结果产生很大影响，因而对海底情况必须了解，这直接影响着海试的日程设计和效果。杨士莪就是这样通过海试等实际工作，告诉年轻人"细节决定成败"是如何"具体而微"地体现在一名水声科研人员的工作中。

杨士莪尤其着意于对年轻人非专业技术知识的培养和锻炼，教年轻人监测海洋水文条件——一级海况时海面上的涟漪什么样；三级海况时，海面腾起什么样的小白浪花；海流对布放声呐基阵有何作用；海洋上的"午后效应"会对信号接收有何影响……跟他一起工作过的年轻人说："与杨士莪教授工作的过程，就是将以前书本上学到但往往容易被忽略的内容，在实践当中具体化了，是真正的'学以致用'。"如今，他指导过的青年教师大都已成长起来，具备独立筹划组织海试的能力。

杨士莪常年在外参加海试，却几乎从不晕船。他出差乘坐十几个小时的飞机后，别人一般都有时差，他却几乎无须倒时差。他将自己的经验传授给别人时说："抓紧琐碎细小的时间多休息。我上了飞机就什么也不做赶紧睡觉，下飞机时，人睡足了，有了精神，晕车晕船的概率自然也就低了。"

简朴生活与捐资助学

杨士莪日常生活俭朴，不修边幅，一件旧皮夹克、旧羽绒服一穿就是多年。家人旅游时照了一张全家福，杨士莪将照片背附一张白纸板，再用透明胶带固定四周，照片上部系上一根细绳，就做成了一个简易相框，居然就将这"寒酸"的相框堂而皇之地挂到了客厅的墙上。杨士莪说："简朴的生活是我家的传统，我对生活的要求不高，只要能吃饱穿暖就行，没有其他的要求了。南京的冬天很冷，我父亲一直穿着老式的棉衣棉裤。母亲开玩笑说：'堂堂教授，穿成这样，让人笑话。'父亲说：'自己穿暖就行了，随人家怎么说。'"

杨家家风重教，从祖父杨鹤汀开始就投身教育救国事业，兴办新学，杨鹤汀、杨廷宝、杨士莪祖孙三代都投身教育事业，心系教育发展。杨士莪个人生活非常俭朴，吃穿都诸多将就，但对于教育捐资却非常慷慨，先后捐资300万元人民币用于助学。

2022年6月，"纪念杨廷宝返乡四十周年暨南阳省级副中心城市建设学术论坛"在南阳理工学院举行。杨士莪作为长子讲述了父亲杨廷宝的建筑人生及生活点滴。为表示对家乡教育事业的支持，他捐献100万元人民币作为"杨廷宝助学基金"，助力家乡农村和山区学生更好完成学业，为祖国和家乡建设做出更大贡献。杨士莪捐款的想法并未事前告知主办方，也并非即兴而为，这是他此行早已做好的打算，但并不想声张宣扬。

2023年3月，杨士莪向母校重庆南开中学捐赠100万元，设立"唐秀颖教育基金"，以促进学校教育事业的发展。该教育基金的命名就是为了纪念杨士莪当年在重庆南开中学时的数学老师唐秀颖。在杨士莪看来，自己一生学业的起步是从重庆南开中学开始的，尤其幸运的是遇到了像数学老师唐秀颖这样循循善诱、严格细致、善于启发的优秀教师，使得自己在未来成长中具有扎实的数理基础，有力地助推了自己在未来科研之路上的前进步伐，师生之谊伴随终生。杨士莪提出将这笔教学基金以恩师唐秀颖的名字来命名，重庆南开中学欣然同意，这也为其他在校教师树立起为师者的学习榜样。

重庆南开中学校友会为杨士莪颁发的捐赠证书

水声教育与科研事业是杨士莪终生为之奋斗的事业，他将所有才智与精力倾力投入其中。2023年9月1日，杨士莪向哈尔滨工程大学"水声教育基金"捐赠100万元，助力水声事业人才培养。捐赠仪式上，杨士莪表示："经过几代人的不懈奋斗，哈尔滨工程大学水声学院成为我国高水平水声技术人才的培养摇篮和水声技术新理论、新技术、新方法的创新源头，为我国水声事业进步、海洋强国建设做出了重要贡献。希望水声领域的专家学者、师生校友再接再厉、勠力同心，为服务国家战略和推动水声事业发展做出更大贡献。"

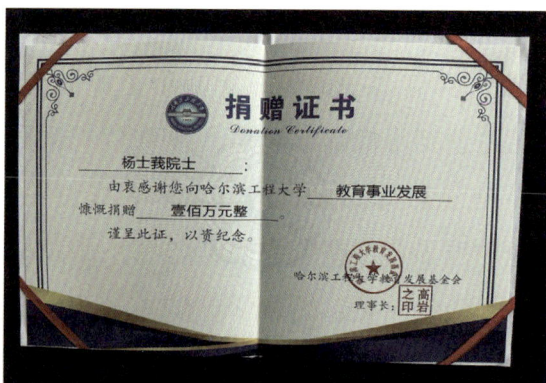

哈尔滨工程大学为杨士莪颁发的捐赠证书

莫道桑榆晚，为霞尚满天

杨士莪热爱探索科学规律，也热爱享受生活的点滴乐趣。"自己对别人能够有所帮助"是杨士莪最朴素的心愿和价值观。他对生命价值和意义的认识更能听从内心的声音，能够以更加本真的心对待生活和早已与他的生活融为一体的科教事业。不为喧嚣所动的宁静，不为浮躁驱使的潇洒，从不矫饰的朴拙，毫无遮掩的袒露，这种平和的心态和本真的活法，滋养出杨士莪特有的从容和恬淡气质。走近杨士莪，会让人真切领略到一种大家气象，让人体会到，真正的"大家"，绝对不只是在学术上有令人仰止的成就。2024年9月，杨士莪被国家授予"时代楷模"称号，这是对他终身为国、引领时代的肯定与褒奖。"莫道桑榆晚，为霞尚满天"，这是杨士莪很喜欢的一句诗，也是杨士莪追求的一种人生境界。人生的风景，说到最后，是心灵的风景。

2007年，杨士莪（中）等中国工程院院士在酒泉卫星发射基地留影

附录一

杨士莪简介

　　杨士莪，生于1931年8月，河南南阳人。中国水声工程学科奠基人之一、水声科技事业开拓者之一、声学家、中国工程院院士、哈尔滨工程大学终身荣誉教授。杨士莪倡导水声物理、水声换能与水声设备的结合，创建中国首个理工结合、配套完整的水声工程专业；最先开展国内水声定位系统研制，率团队完成"东风五号"洲际弹道导弹落点水声定位系统等一系列具有国际水平、用于不同目的的水声定位系统研制工作；作为中国水动力噪声研究的先行者之一，主持设计并建造中国首个针对声学研究的"重力式低噪声水洞"，解决了水洞噪声实验测量方法的国际难题；提出探雷声呐目标识别的新途径；积极推动并领导了中国多次大型水声海上考察；领导了矢量传感器在国内的研制及借助地声手段探测水中目标的研究。曾获多项国家级和省部级奖励，是中国首批博士生导师，发表论文百余篇，出版著作五部，荣获"时代楷模""全国教书育人楷模""龙江楷模""终身奉献海洋"奖章等荣誉。

　　从19岁的青年才俊到93岁的耄耋老者，杨士莪用人生的74年去忠于水声教育和科技事业发展。在为实现民族复兴贡献力量的长长名单里，杨士莪作为中国水声事业的奠基人之一，以他的坚韧不拔和独特

256

贡献写下了自己的名字；在与国家同呼吸、共命运的人生历程中，强国渴望是激励他向上成长的根本力量，也是他始终不渝坚守的使命所在。七十余年来，杨士莪始终坚守在水声科研和教育事业第一线，为我国水声领域的科学研究和人才培养事业做出卓越贡献。

杨士莪院士是推动中国水声事业发展的代表性人物。欲立世界，必盛海洋；海洋强国，必兴水声。只有声波能在水中远程传播，其他能量形式都只能望而却步。由此诞生的"水声学"就是研究如何将人类耳朵、眼睛和嘴巴的功能延伸到水中。几乎人类所有"下五洋捉鳖"的梦想，都要依托它的发展来实现，水声科学直接决定我国海洋强国和蓝水海军的建设进程，具有重要国防意义。

20世纪50年代，水声在中国属于空白学科，军事需求迫切，国家采取紧急措施选派杨士莪到苏联科学院声学研究所进修。作为我国海军派出的唯一代表，他发现一个奇怪的现象：声呐设计和舰船噪声两个研究室的门对中国人紧闭着。这给杨士莪留下了一个深刻而强烈的印象——在国防技术的关键领域，必须自力更生，靠别人靠不住，也靠不起。其间，杨士莪多次为中国水声考察团和苏联科学院声学研究所之间的交流互访担任翻译，陪同考察，为中苏水声学交流奠定了坚实的基础。

20世纪60年代初期，杨士莪任中苏联合南海水声考察中方副队长，完成了中国第一批水声学报告，作为中国水声科研人员取得的第一项科研成果，具有重要历史意义和科学价值。杨士莪结束苏联进修回国后，别开生面地创建中国首个理工结合、覆盖全面的水声专业，开创中国水声科研和教育的新格局，开辟了水声科学新的专业化领域。作为中国首批博导，杨士莪参与培养了首批水声专业骨干，建立了首批国家重点学科、首个水声博士后科研流动站、首批

国家重点实验室……他撰写的《声学原理》和《水声原理》，是新中国最早的水声学理论著作，为中国水声理论和现代声学发展做出奠基性贡献。他编写的水声领域前沿论著《水声传播原理》，是中国水声学学者的必读书。"开辟鸿蒙，功不可没"，我国水声界至今都奉杨士莪为引路人。

20世纪70年代，杨士莪率领团队为"东风五号"洲际弹道导弹全程飞行试验成功研制"海上落点水声定位系统"，为中国的国防事业做出了重要贡献。

20世纪80年代，杨士莪主持设计建造了中国首个重力式低噪声水洞，为流噪声的试验研究提供了新的手段，该项成果对潜艇声隐身技术的进步具有重要意义。

20世纪90年代，杨士莪作为南海水声综合考察队队长和首席科学家，组织开展中国首次独立进行的大型深海水声综合考察，为我国海洋环境声学调查指明研究方向。南海考察是我国第一次有战略意义的水声科学考察，也是新中国成立以来我国水声工作者首次独立出航考察。杨士莪率队掌握了南海典型海域的水声环境特点及主要参数规律，积累了宝贵的第一手材料，培养了一批新的水声力量。同一时期，杨士莪主张引进矢量水听器技术，指导科研团队采取引进、消化、吸收、再创模式开展对矢量水听器及其应用技术的研究，获得了一系列的技术创新与突破。

进入21世纪，杨士莪仍然笔耕不辍、创新不断：开启了水中目标地声探测等多个新方向，并取得突破性成果。杨士莪对水声科研发展和学科走向的敏锐性、洞察力和驾驭力令人叹服，他提出的一些具有开拓性的研究方向，最初都很冷清，少有人关注，但总是在若干年后，人们才看出其分量。在他的推动下，中国成为世界上第三个拥有矢量传感器技术的国家，使我国声呐的探测水平得到跨越式提高，为我国舰船和水下航行器安装上了一双"锐眼"；在他的带领下，中国首开"地声勘测"的研究先河，走出了一条自主创新的科研新路。杨士莪在一次次重大科研任务中，始终以祖国需要为第一需要，以国防需求为第一使命，瞄准国际学术前沿，引领水声技术发展。他在远离海洋的龙江大地将谋海济国的事业做得风生水起。杨士莪始终认为，海洋战略是国家战略的重要组成部分。只有当海洋观念升华为国家观念和战略思想，经略海洋才能转化为民族的整体意志和国家行为。中国拥有广泛的海洋权利和海洋利益，炎黄子孙都应该增强海洋意识，承担维护国家海洋权益的责任和保护海洋的义务。

多年来，杨士莪担任过黑龙江省人大代表、中国声学学会理事、水声科学会主任委员、国务院学位委员会学科评议组成员、黑龙江省地震学会理事长等职务，为中国水声学领域的发展不遗余力地工作，为我国现代化建设事业献计献策。

从懵懂无知的孩童成长为水声战略科学家，杨士莪院士的人生经历，展现了百余年来国家命运的风云激荡、中国水声科学发展之路的曲折前行和以他为代表的哈尔滨工程大学师生等一批人"谋海济国"的使命担当和执着坚守。作为中国水声事业发展的亲历者和见证者，杨士莪处在一个中国海洋事业、海军建设急需发展的年代，这是一位科学家成长、进步最好的机遇。他将一生的选择和国家需要相连，把自己毕生精力投入水声事业中，抓住时代机遇努力作为，终有所成。杨士莪在战乱中求学，在战斗中成长，把发展科学事业当成自己的目标，把民族的整体崛起看作个人幸福的基础，崇文重教、一心向学、勇担重担、不懈求索，终成学界泰斗。

　　杨士莪在回顾一生时，多次提及自己的"幸运"："我就是个普通人，不过是遇到了一些机遇，就像一颗种子，落到了比较肥沃的土壤里，生长在比较好的家庭环境，又遇到一些好老师、好同学、好领导，赶上天时又正，就长成了一棵树。"人们生活中的每一步都充满了选择，也蕴含着机遇。在荏苒的时光中，从一名普通的科研工作者到中国科技事业的一块坚强基石，需要内外因相互激发的化学反应。个人克服重重困难，完成能力与悟性、责任心、使命感的"三级跳"时，方才具备服务国家需要之能的"内因"；而当其所从事的领域与国家需要同频共振时，方能激发更大潜力，将自身价值最大化，国家与社会的需要构成了科研工作者成长的"外因"。"内因"靠自身定力，"外因"靠时代机遇。杨士莪的人生经历再次证明：个人理想，只有融入强国之梦，才能获得方向的指引；爱国之志，只有转化为勤勉工作的实际行动，才能获得不竭的动力。

杨士莪年表

1931年 出生

8月9日，出生于天津市英租界马场道五官胡同。父亲杨廷宝，母亲陈法青，杨氏夫妇共育有五名子女，其为长子。

1932年 1岁

是年初，东北全境沦陷。杨家举家紧随杨廷宝事业的脚步，在天津英租界马场道五官胡同租住。

1933年 2岁

是年初，因父亲工作重心转移到北平，举家再度随迁，租住在东城区干面胡同的四合院内。

1936年 5岁

是年秋天，入学北平崇文门内私立明明小学。

1937年 6岁

"七七事变"爆发后，与姐弟五人在母亲陈法青的带领下，一

路颠簸、舟车劳顿，辗转回到老家河南南阳避难。

1938年 7岁

6月，开封沦入敌手，日军轰炸南阳。随全家被迫迁往大山深处的内乡县马山口镇秦家寨赁屋而居。逃难途中，书不离身。母亲陈法青亲任启蒙老师，将子女分为不同年级，教授小学科目。在母亲的教育下，学习"四书"及《古文观止》中的文章，小学数学及英语的内容，在乡间完成了启蒙学习。

1940年 9岁

是年春，杨家为追随杨廷宝事业脚步及利于子女求学，举家又迁，前往战时教学资源更加集中的重庆，居住在歌乐山虾蟆石十号的简易房。

是年秋，插班入歌乐山下高店镇中心小学五年级学习。

1941年 10岁

是年秋，提前结束小学学习，以同等学力考入重庆南开中学初中部实验班。同班同学有周光召、陈遂等人。是班里年龄最小的学生，并将这一纪录保持到大学。五年的初高中学习经历，为其未来发展奠定了良好的知识基础和自学能力。

1946年 15岁

是年夏，提前结束重庆南开中学的学习，护送大姐杨士英赴南京参加大学联考。

是年秋，插班到中央大学附属中学（现南京师范大学附属中学）高三二班学习。

1947年 16岁

是年秋，考入清华大学物理系。该系对学生优中选优，强调"重质不重量"，以要求严格闻名，受教于叶企孙、周培源、王竹溪、葛庭燧、钱三强、余瑞璜、闵嗣鹤等诸多名师。先后与周光召、陈遂、高伯龙等成为室友。

1950年 19岁

升入大四，在余瑞璜教授指导下，准备参加X射线管研制工作作为毕业作业。

是年初冬，在原清华大学物理系教员、时任大连海军学校教员慈云桂的动员下，报名参军，参加海军建设。

11月，清华大学肄业，在大连海军学校一分校任教员，成为海军军官。

1951年 20岁

在大连海军学校担任航海指挥分校物理组教学工作，为学员油印自编教材《物理讲义》。

1952年 21岁

12月，由大连海军学校奉调参加中国人民解放军军事工程学院的筹建工作。被分入哈军工助教队一排一班担任助教。

1953年　22岁

先后承担哈军工预科物理、本科普通物理等教学工作。

1954年　23岁

是年初，调入哈军工海军工程系，进入海道测量专科大地测量教研室，讲授球面天文学、测量天文学等课程。

1955年　24岁

是年春，哈军工举办第一届学术报告会，在该会就所教专业做学术报告。

1956年　25岁

2月，海道测量专科下设海道测量、大地测量、航海设备三个教授会（即教研室），被分配至海道测量专业大地测量教研室，在苏联专家的指导下从事教学计划制订、教学大纲编写、教材选定及实验等工作。

3月，加入中国共产党。

5月，在哈军工首次教衔评审中，由助教晋升为讲师。

10月，中国制定"十二年科技发展规划"，将"水声学"提上发展日程。被哈军工海军工程系派往苏联科学院学习水声。

12月，在哈军工首届先进工作者和优秀学员大会上，被评为"先进工作者"。

12月14日，与谢爱梅举行婚礼。

1957年　26岁

4月，到沈阳科学院干部学校进修俄语。

10月，赴苏联科学院声学研究所进修。长子杨本贤出生。

1958年　27岁

是年初夏至8月，为赴苏联声学研究所考察的"中国水声考察团"担任翻译，并陪同考察团前往"苏呼米水声实验站"考察。

1959年　28岁

5月，陪同苏联科学院声学研究所水声研究室主任苏哈列夫斯基、副所长马捷波夫来华，了解中苏联合南海水声考察的筹备工作。

11月，结束苏联进修，回国准备中苏联合南海水声考察工作。

1960年　29岁

1月16日，任中苏联合南海水声考察中方副队长，在榆林海区展开历时85天的水声科学考察。考察获得了中国第一批水声学研究报告，是中国水声科研人员的第一项科研成果，总结中国南海海域若干特殊的水声环境特点。

是年夏，返回哈军工海军工程系，讲授水声学理论基础，并倡导建立全国首个理工结合、覆盖全面的水声专业。

9月，被拓展后的水声专业于当年招生，由此开创中国水声专业教育的新格局。

1961年 30岁

哈军工海军工程系正式成立"水声专业教研室",下设水声物理组、水声换能组和水声设备组三个学科组。担任水声物理组组长。

1962年 31岁

3月23日,被哈军工晋升为三系(海军工程系)三〇六教研室副教授。

4月,次子杨本坚出生。

1963年 32岁

7月,与王鸿樟合著《声学原理》(上册)及独著《声学原理》(下册),由北京军事工业出版社出版。这是新中国最早的声学理论著作,为中国现代声学和水声理论做出了开拓性贡献。

1964年 33岁

专著《水下噪声学》由北京军事工业出版社出版,是国际上最早集中论述水下噪声机理的专著。

4月3日至11日,参加第一届全国声学学术会议,论文《声波在随机起伏界面上的反射》在会议论文集发表。

1965年 34岁

6月,为哈军工海军工程系水声物理专业学员自编教材《统计传播讲义》。

同月,哈军工改制为地方院校,所教授毕业学员为哈军工海军工程系水声物理专业专门化最后一期学员。

1966年 35岁

4月1日，哈军工正式退出军队序列，全院军人集体转业。结束军人生涯，成为一名普通百姓。

1968年 37岁

4月，三子杨本昭出生。

5月，以"苏修特务"的罪名被关进"牛棚"隔离批斗。

1969年 38岁

是年，参加黑龙江省革命委员会"赴边疆毛泽东思想宣传队"，到位于黑龙江省东北部的富锦县宣传毛泽东思想，帮助基层整党建党并参加农业生产劳动。

1970年 39岁

年初，作为718工程27分系统的总体组组长、技术负责人，为"东风五号"洲际弹道导弹全程飞行试验研制"海上落点水声定位系统"。

7月，带领该项目研究组到南海进行海试。

1971年 40岁

5月，为验证27分系统坐底声呐方案的可靠性并获得首批深海数据，再战南海。

1974年 43岁

是年，为研究27分系统项目三战南海。

1976年 45岁

是年，研制27分系统原定坐底声呐方案受挫，探索"船载水声测落点技术方案"以实现项目研究目标。

1977年 46岁

4月，在《水声通讯》期刊发表论文《海底基阵三度空间相对位置测定的一种方法》。

1978年 47岁

2月，以原海军工程系为基础建立起来的"哈尔滨船舶工程学院"被确定为全国重点高校。成为该校水声工程系首个研究生导师。

3月，被哈尔滨船舶工程学院评为"先进工作者"。

同月，负责技术总抓的718工程27分系统的278分机、279分机和27分系统总体设计三个项目在全国科学大会上荣获"优秀科研成果"的表彰。

6月，赴法国马赛，参谋引进水声技术设备。自1957年负笈苏联后，时隔20年后，首次走出国门。

是年，担任七〇二研究所水动力噪声研究室技术顾问。

1979年 48岁

10月，被任命为哈尔滨船舶工程学院水声工程系主任。

12月1日，晋升为教授。

是年，带领27分系统研制组四战南海，进行"船载水声测落点技术方案"的联调试验，证明应急方案的可靠性。

1980年 49岁

5月18日，"东风五号"洲际弹道导弹全程飞行试验获得成功。试验证明，"海上落点水声定位系统"可准确测量导弹落点，填补了中国深海水声传播研究和深海水声设备的空白。

7月1日，在《哈尔滨船舶工程学院学报》发表论文《海底混响场的分析》。

11月，哈尔滨船舶工程学院水声工程专业获准成为中国唯一水声工程博士点。成为中国首批博士研究生导师。

1982年 51岁

是年，应海军需要，转战探雷领域的科研工作，承担掩埋雷探测课题。

3月，被任命为哈尔滨船舶工程学院学位评定委员会主席。

4月，参加"文化大革命"后水声专业组在北京召开的首次工作会议。任"水声专业组"副组长。随后，水声专业组被划归为六机部，任组长。

6月17日至22日，参加全国声学学术会议，并在论文集发表论文《海底混场的空间相关特性》。

9月，被任命为哈尔滨船舶工程学院副院长。

10月，赴英国伯明翰大学就流体动力噪声及控制、新型声学材料、信号检测等问题进行为期三周的考察访问。

1984年 53岁

是年，主持设计建造中国首个"重力式低噪声水洞"，是水动力噪声实验研究的主要设施，该实验室至今依然是中国唯一的针对

269

水声实验的重力式低噪声水洞。

1986年 55岁

9月10日至13日，在中国声学学会水声学分会成立暨首届学术报告会上，被推选为中国水声学会主任委员。

1987年 56岁

2月25日，在西北工业大学受聘兼职教授。

6月，卸任哈尔滨船舶工程学院副院长。

同月，作为水声科学专家被录入《国际海洋科学家名录补编》。

是年，在海洋出版社出版的《海洋开发工程技术论文集》发表论文《关于水下工作系统的若干问题》。

1988年 57岁

是年，担任船舶工业国防科技应用基础研究技术专业组水声及水声对抗专业组组长。

11月7日至11日，参加全国声学学术会议，并在会议论文集上发表论文《我国的水声学研究》。

1990年 59岁

4月，指导李琪作为首个博士毕业生以论文《采用水箱混响法测量水动力噪声》获得博士学位。该论文题目源自建设中国首个重力式低噪声水洞的相关研究。

12月17日至21日，在第二次全国高校科技工作会议上，率领水声工程系获评国家教委和国家科委授予的"全国科技工作先进集体"称号。

1991年　60岁

10月1日，荣获国务院"政府特殊津贴"。

1993年　62岁

1月，主持"xx探测和识别特征研究"项目获中国船舶工业总公司科技进步二等奖。

同月，主持"xx理论实验室模型及测试技术研究"项目获中国船舶工业总公司科技进步二等奖。

9月，被国家教委、人事部授予"全国优秀教师"称号。

1994年　63岁

3月，主持"xx测量装置研究"项目获中国船舶工业总公司科技进步二等奖。

4月至5月，作为"南海水声综合考察队"队长和首席科学家，组织开展中国首次独立进行的大型深海水声考察。

11月，中国造船工程学会将其提名为中国工程院"机械与运载工程学部"院士候选人。

同月，完成水声领域前沿论著《水声传播原理》，由哈尔滨工程大学出版社出版。

1995年　64岁

2月15日，在期刊《哈尔滨工程大学学报》发表论文《条带测深仪接收信号分析》。

6月18日，当选中国工程院"机械与运载工程学部"院士。

6月27日，入选黑龙江省首届杰出青年科学基金学科评审组专家。

11月，编著《水声传播原理》获第二届全国高等学校出版社优秀学术著作优秀奖。

是年，率领的水声工程系被中船总公司授予"'八五'国防科技预研先进集体"称号。

1996年 65岁

3月，《水声图像处理报告》获评中国船舶工业总公司科技报告管理办公室"一级中国船舶科技报告"。

9月20日，在《物理学进展》期刊发表论文《弹性体目标散射特性》。

11月，"xx轨迹跟踪测量系统"项目获评中国船舶工业总公司科技进步一等奖。

同月，"xx特性研究"项目获评中国船舶工业总公司科技进步二等奖。

是年，水声技术国防科技重点实验室成立，任该重点实验室学术委员会主任。

1997年 66岁

2月28日，在期刊《哈尔滨工程大学学报》发表论文《准分层介质声场的近似算法》。

3月，《声波在物体上衍射的高频近似研究报告》获评中国船舶工业总公司科技报告管理办公室"一级中国船舶科技报告"。

5月20日，被国务院学位委员会聘请为第四届学科评议组（船舶与海洋工程）成员。

12月，"xx轨迹跟踪测量系统"项目获国家科技委颁发的国家科技进步二等奖。

同月，"xx探测识别技术研究"项目获中国船舶工业总公司科技进步二等奖。

是年，主持引进矢量传感器技术，指导科研团队采取引进技术和自主创新相结合的方式开展对矢量传感器及其应用技术的研究。

1998年 67岁

是年，开拓"矢量水听器平面基阵小型化的定向与识别"这一新科研方向。

3月，《xx高频近似研究报告》获评中国船舶工业总公司科技报告管理办公室评选的"二级中国船舶科技报告"。

9月1日，参加"科技进步与学科发展——科学技术面向新世纪"学术年会，并在年会论文集发表文章《水声技术及在我国的发展》。

9月17日至22日，参加全国声学学术会议，并在会议论文集发表论文《高频声散射的准平面波近似算法》。

12月，"NH重点海域水声综合考察项目"获中国船舶工业总公司科技进步一等奖。

是年，在期刊《隐身技术》发表论文《我国声隐身技术的发展现状及其几点建议》。

2000年 69岁

3月，受聘西北工业大学航海工程学院兼职教授，承担研究生教学及若干科研工作。

8月，获得哈尔滨工程大学博士生导师纪念证书。

是年，在《总装备部科学技术委员会论文集》上发表论文《水声工程与海上战争》。

2001年 70岁

10月，在《总装备部科学技术委员会论文集》上发表论文《水声与网络》。

2003年 72岁

是年，率团队开展"地声勘测"研究，首开国内该领域研究先河。

12月30日，在期刊《哈尔滨工程大学学报》发表论文《单矢量传感器多目标分辨的一种方法》。

2004年 73岁

承担国防973项目某重大基础研究项目的探测技术研究，任专家组组长及首席科学家。

2005年 74岁

参加第四届声学工程与技术国际研讨会、水声技术国防科技重点实验室学术委员会等会议。

是年秋，因病住院，在此期间仍在学习《保持共产党员先进性教育读本》。

2006年　75岁

11月，率领哈尔滨工程大学"海洋声学课题组"和"海洋环境信息获取研究课题组"分获中国人民解放军总装备部颁发的"装备预先研究先进集体"称号。

12月，率领哈尔滨工程大学水声工程团队和声学工程团队入选黑龙江省学位委员会、黑龙江省教育厅颁发的"首届黑龙江省优秀研究生导师团队"。

2007年　76岁

12月，"xx环境信息获取研究"项目获国家国防科学技术工业委员会颁发的"国防科技进步一等奖"。

2008年　77岁

10月15日，在《舰船科学技术》发表论文《研究海洋开发海洋——海洋环境及海洋资源调查、监测技术概述》。

同月22至24日，在全国声学学术会议论文集发表论文《关于水声学的若干问题》。

12月，率团队获评国家国防科技工业局颁发的"国防科技创新团队"称号。

同月，"xx噪声测量方法与系统"项目获工信部颁发的国防科技进步一等奖。

2009年 78岁

5月，任哈尔滨工程大学xx水下智能机器人技术国防科技重点实验室第一届学术委员会副主任。

9月，专著*Theory of Underwater Sound Propagation*（《水声传播原理》）由哈尔滨工程大学出版社出版。

2010年 79岁

3月15日，在期刊*Journal of Marine Science and Application*（《海洋科学与应用》）上发表论文"Distant Bottom Reverberation in Shallow Water"（《浅海远程海底混响研究》）。

12月，当选为中国声学学会理事会名誉理事长。

2011年 80岁

2月，夫人谢爱梅去世。

10月，与中学退休教师魏少芬再婚。

2012年 81岁

5月11日，在期刊《哈尔滨工程大学学报》上发表论文《声在随机介质波导中的传播》。

同月13日至18日，在国际声学会议上做题为《矢量传感器阵列方向图》的大会报告，为解决矢量传感器平面基阵小型化的关键问题开拓研究新路。

12月，荣获中国科学技术协会授予的第五届"全国优秀科技工作者"称号。

2013年　82岁

3月28日，在期刊《科技导报》上发表论文《开发海洋保卫海疆》。

7月31日，专利《基于射线声学的三维倾斜海底参数快速测量方法》获得授权。

2014年　83岁

4月4日，《中国教育报》整版刊发题为《杨士莪：倾听大海的声音》的专题报道。

2015年　84岁

3月1日，为庆祝马大猷百年诞辰写下《纪念马大猷先生诞辰100周年》。

9月，专著《声学原理概要》由哈尔滨工程大学出版社出版。

12月，"xx适应性处理技术研究"项目获工信部颁发的国防科技进步二等奖。

2016年　85岁

12月，率领哈尔滨工程大学水声工程创新团队入选工信部评选的"国防科技创新团队"。

同月，获得国家海洋局颁发的"终身奉献海洋"纪念奖章。

2017年　86岁

6月，个人传记《倾听大海的声音——杨士莪传》出版发行。

2018年 87岁

9月13日，在期刊《应用声学》发表论文《小型矢量阵深海被动定位方法》。

11月9日至12日，在中国声学学会第九届第一次理事会上当选中国声学学会名誉理事长。

12月，率领海洋声场声探测科研学术团队获得黑龙江省总工会评选的"黑龙江省劳模和工匠人才创新工作室"荣誉称号。

2019年 88岁

7月，获黑龙江省"龙江最美科技工作者"荣誉称号。

9月28日，获评中共黑龙江省委组织部评选的"与祖国同行·汇龙江精英"70年70人模范人物荣誉称号。

2020年 89岁

8月，荣获哈尔滨市老科学技术工作者协会评选的2019年度"哈尔滨市老科技工作者创业创新先进个人"称号。

同月，《我与水声七十年——杨士莪院士九十华诞纪念文集》由哈尔滨工程大学出版社出版。

2021年 90岁

5月，所授课程"振动与声基础"入选教育部"课程思政示范课程"，入选"课程思政教学名师和教学团队"。

6月30日，荣获哈尔滨工程大学"光荣在党50年"纪念章。

7月，荣获哈尔滨市老科学技术工作者协会颁发的"百名党员优秀老科技（协）工作者标兵"荣誉称号。

9月，荣获哈尔滨工程大学颁发的"立德树人成就奖"。

2022年　91岁

1月，所授课程"振动与声基础"入选黑龙江省教育厅颁发的"第二批黑龙江省高等学校课程思政示范课程和课程思政教学团队"。

6月18日，参加纪念杨廷宝返乡40周年暨南阳加快建设现代化副中心城市学术论坛，捐赠100万元设立"杨廷宝助学基金"助力家乡教育。

8月，荣获哈尔滨工程大学"科技工作特殊贡献奖"。

9月6日，荣获中共中央宣传部、教育部评选的"全国教书育人楷模"称号。

2023年　92岁

3月27日，向母校重庆南开中学捐赠100万元，设立"唐秀颖教育基金"，助力学校教育事业发展。

7月，参与"使命引领、科研驱动、多元赋能，船海国防特色卓越创新人才培养改革与实践"教学项目，荣获国家级教学成果二等奖。

9月，向哈尔滨工程大学捐赠100万元，助力学校教育事业发展。

9月15日，荣获中共黑龙江省委宣传部授予的"龙江楷模"称号。

2024年　93岁

3月19日，病逝于哈尔滨。

9月，中共中央宣传部追授其"时代楷模"称号。

向上生长的力量

一颗普通的种子，需要怎样的力量，才能成长为国家栋梁？这是我与杨士莪院士相处十年间一直在思考的问题。十年的观察和思考，让我一点点接近答案，并从一名观察者与记录者，转变为这个答案的受教者和践行者。

向善：一颗读书种子的强国渴望

杨士莪院士家中的书房很让人惊叹，三面墙从地面到房顶，满满当当装着各种书籍。架上有与他同龄的相册，历经岁月变迁、战乱逃亡，数易住址，始终被不离不弃地珍藏于身边；架上有他上小学时的生字本，穿越八十多年的时空，纸张已泛黄却保存完好，一笔一画的字迹清晰可见。封皮斑驳的相册里，承载着他和家族的发展轨迹，记录着家族的成长故事。祖父杨鹤汀致力教育救国，父亲杨廷宝最早走出国门，几代人与国人一起寻找重生的道路，即使在兵荒马乱、朝不保夕的苦难岁月，这个家族也坚定地保留"几颗读书的种子"。

　　杨士莪院士对年少时的最深印象是"动荡奔波"和"走哪学哪"。他永远忘不了逃难时的车站，长衣短打的人，扶老携幼地都往月台上挤，铺盖、箱笼满地，哭喊声、叫嚷声仿佛将车站变成一口沸腾的大锅；也永远忘不了时刻担心失散而紧追亲人不舍的恐惧感，以及日本兵的蛮横、伪军的贪婪。他忘不了站在山上仰望日本轰炸机尖叫着丢下一串串闪光的炸弹和地面腾起的黑烟；也忘不了暑假返校后，看到操场上被炸出的深坑和被炸飞房顶、徒留四壁的食堂。在烽火连天中，炸弹声伴着读书声，跑空袭不忘拿书本。2015年，我在重庆档案馆卷帙浩繁的档案材料中，找到了杨士莪院士1944年在重庆南开中学高一就读时所写的题为《自传》的作文："我们要使这大病未愈的中国能奋起而驱逐日寇于国境之外，要使中国能富强，而成为四强之一，只有努力地预备负起未来的艰巨的建国工作。"

　　这种亲自体验到的国仇家恨远胜任何爱国教育。国破家亡与颠沛流离让他更深刻地体会到国家兴亡与个人命运的切身关系，在不自觉中，他将励志强国与自身命运紧密地融为一体。读书是为了救国和报国，爱国可以出于热情，救国必须依靠力量。有爱国之心，兼有爱国之力，然后才能实现救国宏愿。这是他少年时代形成的价值观，也成为他后来一切人生选择的底色。

　　杨士莪院士在战乱中求学，在战斗中成长，恰逢中国巨变且亲身参与其中，自然地把追求国家富强作为自己的理想，把发展科学事业当成自己的目标，把民族的整体崛起看作是个人幸福的基础，他将自己的梦想融于祖国的梦想，将自己的幸福归于人民的幸福。"向善"是杨士莪让国家变得更好的渴望，这种强国渴望一路牵引

他向上生长。在我看来，他人生最大的"幸运"在于，他助推了国家发展，而国家也成就了他，这是"一个人"与"一个国家"理想的和谐状态，这种彼此成全来自两种伟大力量的交织——我为国强，强国为我。我们深深地爱着我们的祖国，而我们的祖国也深深地爱着我们。

向真：一名水声人的"四海为家"

杨士莪院士一生获得过很多荣誉，各种奖状证书不胜枚举，在他所有的教育经历中，却没有一张毕业证或者结业证。在一次次"被需要"与"被选择"中，他的人生因国家形势的变化与国家需要的召唤而改变，他也因此选择了过一种漂泊的人生。原籍河南，天津出生，重庆成长，南京、北京求学，大连参军，直到在哈尔滨成家立业，在哈尔滨的七十余年中，他出差在外的时间合计三十余年，海上试验、课题论证、决策咨询……每年他都有大半时间在全国各地度过，"我是一个四海为家的人"，他语出幽默，却是大半生的真实写照。老人家与我聊天时常常感叹："国家受欺负，是因为我们不行，得自己想办法站起来，把国家发展起来。"因为从事与海军建设和海防发展紧密相关的水声研究，漂泊在海上是家常便饭，他因为常年海试，早已习惯了海上风浪的颠簸，他深知晕船之苦，越在晕船时，越要喝水或者吃东西，这时喝水吃饭不只是为了解渴充饥，更是为了胃里有东西可吐，这样才不会严重地伤害身体。所以海上试验时，我们可以看到这样的场景：实验人员右手边放着一个暖水瓶，左手边放着一个水桶 ，一边读实验数据，一边"哇"地一口吐出胃中涌涨的酸水，随即喝些热水，接着再吐出来，如此往复，却自始至终坚守岗位。

有一次，科研团队到大连海试时，需要在海底布设声呐基阵。参试人员到杨士莪院士家中汇报相关工作后，杨士莪爬上梯子，从高高的书架上取下一本《海洋水文手册》，翻到即将进行海试区域的经纬度，告诉参试人员说："此处海底情况为黏泥底，整个实验设计时间不宜过长，否则布阵易被淤泥掩盖。"原来，针对不同的实验目的，海底是沙石、淤泥等不同情况会对海试结果产生很大影响，因而对海底情况必须了解，这直接影响着海试的日程设计和效果。杨士莪院士尤其着意于对年轻人非专业技术知识的培养和锻炼，教年轻人监测海洋水文条件——一级海况时海面上的涟漪什么样；三级海况时，海面腾起什么样的小白浪花；海流对布放声呐基阵有何作用；海洋上的"午后效应"会对信号接收有何影响……他就是这样通过海试等实际工作，告诉年轻人"细节决定成败"如何"具体而微"地体现在一名水声科研人员的工作中。

为了更好地掌握试验情况，为相关科研工作提供有建设性和指导力的建议，他几乎参加了所有主持或参与项目的相关海试，甚至在耄耋之年因为恶劣海况掉落海中的危险经历，也从未让他动摇。他九十多岁在给本科生上课时，一上午的课程讲授还坚持"一站到底"，其对于科研和教学工作的一丝不苟，对科学的求真与对事业的敬畏可见一斑。

向美：活出人生的美丽风景

杨士莪院士是一个很有趣的人，他爱读书，文学、艺术、政治，涉猎广泛，他会弹钢琴、参加合唱团、爱下围棋，尤其喜欢打

桥牌，也乐于参加文娱活动。他热爱探索科学规律，也热爱享受生活的点滴乐趣。他的学问积累，靠的是不懈的努力和他在知识的求索之路上一直保持着的进取心和好奇心。他从不认为年龄是继续学习和成长的障碍——70岁时，他学会了拼音输入法，解决了微机打字问题，在电脑上写东西时不必假手于人；78岁时，他用英文撰写完成了《声传播理论》一书，包括理论、公式推导在内，他都是自己一点点地敲进电脑；他亲自编写程序，验证新提出的算法。每次我到他家去，都见他端坐在书房的电脑前，他缓缓站起，同我说会儿话算作休息。他的身上有着一股绵延不绝的干劲，有着与时俱进的年轻心态……

杨士莪生活俭朴，不修边幅，诸多将就。家人旅游时照了一张全家福，杨士莪将照片背附一张白纸板，再用透明胶带固定四周，照片上部系上一根细绳，就做成了一个简易相框，这张全家福居然就这样"堂而皇之"地挂到了客厅里。但是对于捐资助学，他却毫不含糊。近年，他将多年积蓄300万元建立以父亲名字命名的"杨廷宝助学基金"，以中学时代数学老师唐秀颖命名的"唐秀颖教育基金"，以及哈尔滨工程大学"水声教育基金"，用于支持相关领域的人才培养。

平和的心态和本真的活法，滋养出杨士莪院士特有的从容和恬淡气质。人生的风景，说到最后，是心灵与人格的美景。

丹青难写是精神。尤其是用我四十多年的人生阅历和眼界层次，去描摹九十多年丰富的人生风景，很多时候力不从心。能为这样一位老人家描摹一幅人生的肖像，对我而言是幸运的"偏得"。在对他的采访中，我感受到他有一种"外圆内方"的性格特质——谦和内敛、豁达乐天的"外"与执着坚毅、开拓进取的"内"在他身上统一起来。这样的性格特质让他的人生之路走得更加顺畅，成长更快，即使在特殊历史条件下，他也借此风雨兼程，少走了很多弯路。

好的老师，不但教人做事，更教人做人。十余年交往中的诸多细节对我的影响是润物无声而又极其深刻的，而且直接改变了我的人生道路。他曾戏说："我也没有什么本事，就是能做些教学科研，那就老老实实地做好吧！"他告诉我，敬业的美好境界是乐业，乐在其中，水到渠成。

正像一个国家不能没有先锋，一个民族不能没有英雄，对于家国而言，不能没有传承，这些最闪亮的价值观，应该被一次又一次地提起。在哈尔滨工程大学出版社、人文社科处、党委宣传部、马克思主义学院的共同推动与支持下，本书作为这些闪亮价值观的载体和哈军工精神研究的成果得以呈现。我们希望将杨士莪院士身上这些闪亮的价值观和精神传递给更多的朋友，这是"时代楷模"的成长启示，也是典型案例的思政读本。杨士莪院士在病重之际，依然关心着本书的相关工作，每每想起，令人动容。从某种意义上讲，他用自己的生命实践向我们展示了一颗种子成长为栋梁之材的全部历程，不管遇到什么困难、什么境遇，追求向善、向真、向美的人生道路，每一寸成长都刻录着向上生长的力量。

2024年3月19号，杨士莪院士离开了我们。倾听了一辈子大海声音的老人，回到了魂牵梦绕的大海。他来之前，中国水声航路未开；他走之后，身后已是千帆竞来。一来一去之间，人生价值尽显。那天傍晚，天清气朗，红霞满天，这在哈尔滨的早春难得一见。鲜亮而浓郁的晚霞带来沁人心脾的温暖。师生们纷纷驻足拍下这满天晚霞，在网上留言：先生，这么美的晚霞，是您对我们的期

望和祝福吗？"夕阳已落青山外，犹映晚霞满天红"，这是杨士莪院士非常喜欢的一句诗，也是他的一种价值追求，他是能给人带来温暖和力量的人。如果一个人的离开有色彩的话，他在我的记忆中留下的是鲜亮而温暖的霞光，吸引着我们向光而行，与光同行，甚至成为其中的一抹光亮，这也许是我们这些行进在奋斗路上的人对先行者最好的怀念和致敬吧。

作者于哈尔滨工程大学校园

2024年9月